富裕家庭的沟通密码

GRAMMAR OF THE WEALTHY FAMILY

健康的沟通　建设性的冲突管理

- 我们到底在说些什么
- 家庭治理与健康的家庭关系
- 家庭冲突的『双重护理』
- 家长也需要被称赞

阿兰·劳伦·韦伯克（Alain Laurent Verbeke）
卡特琳·博伦（Katalien Bollen）
裴蓉
叶冉
马丁·乌尔玛（Martin C. Euwema）
◎著

企业管理出版社
ENTERPRISE MANAGEMENT PUBLISHING HOUSE

图书在版编目（CIP）数据

富裕家庭的沟通密码/（比）马丁·乌尔玛（Martin C. Euwema）等著 . -- 北京：企业管理出版社，2024.4

ISBN 978-7-5164-2102-4

Ⅰ.①富… Ⅱ.①马… Ⅲ.①家庭关系–通俗读物 Ⅳ.① C913.11-49

中国版本图书馆 CIP 数据核字（2022）第 029402 号

书　　名：	富裕家庭的沟通密码
书　　号：	ISBN 978-7-5164-2102-4
作　　者：	马丁·乌尔玛（Martin C. Euwema）　叶冉　裴蓉
	卡特琳·博伦（Katalien Bollen）　阿兰·劳伦·韦伯克（Alain Laurent Verbeke）
策　　划：	杨慧芳
责任编辑：	侯春霞
出版发行：	企业管理出版社
经　　销：	新华书店
地　　址：	北京市海淀区紫竹院南路 17 号　　邮编：100048
网　　址：	http://www.emph.cn　　电子信箱：314819720@qq.com
电　　话：	编辑部（010）68420309　　发行部（010）68701816
印　　刷：	北京厚诚则铭印刷科技有限公司
版　　次：	2024 年 4 月第 1 版
印　　次：	2024 年 4 月第 1 次印刷
开　　本：	710mm×1000mm　　1/16
印　　张：	12 印张
字　　数：	160 千字
定　　价：	69.00 元

版权所有　翻印必究·印装有误　负责调换

Contents 内容简介

什么是富裕家庭的沟通密码？一个家庭有没有沟通密码？本书作者认为，家庭的内部沟通密码是存在的，它是指用于编写和表述一种家庭语言的规则和系统。无论我们是否意识得到，每个家庭都有自己的语言规则和系统，即家庭内部的沟通密码。

在每个家庭中，都会谈论欢乐和悲伤。而对于自身拥有家族企业的家庭来说，财务问题、事业的进展以及公司管理也会成为家庭内部沟通的内容之一。其中，关注资产的合理管理以及与此相关的商业活动更进一步地增加了富裕家庭内部沟通的复杂性。

有鉴于此，本书的作者采撷和汲取学术工作和实践生活的共生成果，集合中国和比利时学者的研究思考与经验智慧，提出富裕家庭有必要建立正确的内部沟通的密码系统，以帮助富裕家庭真正有效地以正式或非正式的方式谈论家庭生活、经营的业务、家庭资产以及发生在家庭成员之间的其他相关活动。

本书共分为七章，内容包括家庭内部的沟通、冲突的管理和避免、谈谈过去、谈谈现在与未来、谈话的艺术、谈话的技术、家族企业的百年传承。本书通过中外案例分析，解读家庭内部的沟通密码；通过自我测量，帮助明确并提升自我认知；通过提供工具箱，让大家掌握实操的方法和工具。

本书适用于对财富管理、事业进展等具有沟通需求的富裕家庭，也适用于家族企业的家族成员，同时可以为在这一领域从事顾问咨询业务的个人或机构以及家族办公室提供参考。本书亦可以作为沟通技巧、冲突管理方面的培训教材及实操辅导手册。

| Foreword　序言（一） |

家庭的本质是联系。为了过上这种互联的生活，沟通是必不可少的。家庭成员共同生活和工作，作为雇主、有影响力的人、榜样和投资者，通常分担着巨大的责任。这本书就是关于这种交流的，特别是关于如何通过健康的沟通和建设性地应对问题和冲突，以实现家庭成长。这些是所有家庭生活的一部分，因此，学习和交流对于个人和家庭的成长至关重要。

这本书是学术工作和实践活动相结合的成果。我们将在家庭和商业动态、调解和辅导方面三十多年的经验与这些领域的学术领导力结合在一起。在过去十年中，这一直是德勤律师事务所Greenille私人客户团队实践的核心。

这些年来，许多客户、家庭和个人分享了他们的故事和经历、悲伤与挫折。数以千计的会议、促进、辅导和调解，每一次都独一无二，但也显示出系统的模式，构成了本书的一个支柱。家庭的法律实践和相关法规构成了第二个支柱。第三个支柱是对心理学中人际冲突和群体动力学、中介和发展过程的数十年的理论和实证研究。

  这本书是为我们的客户写的。我们衷心感谢他们对分享家庭生活的亲密和隐私的信心。我们希望这本书能帮助许多家庭了解他们面临的挑战，并接受这些挑战，从而过上健康和谐的生活。

  我们将这本书献给我们的孩子，他们是我们不断学习的源泉。

马丁·乌尔玛（Martin C. Euwema）

卡特琳·博伦（Katalien Bollen）

阿兰·劳伦·韦伯克（Alain Laurent Verbeke）

Foreword 序言（二）

对于整个社会组织而言，家庭是社会有机体中最基本的细胞，沟通则是家庭这一细胞单元内部之间以及与其他组织成分之间相互联结的最基本的，也是最重要的功能。每个家庭都是独一无二的，但每个家庭内部的沟通方式或沟通风格却各有不同。人们常说，家庭是讲感情的地方，而不是说理的地方。人们还常说，清官难断家务事。言外之意就是，家庭由于受到亲情和人际关系的牵绊，容易产生各种剪不断理还乱的纠葛和冲突。对于这些纠葛和冲突的处理，似乎很难采用其他组织中通行的法则。其复杂性不言而喻。我们以一种探索的精神和构建温暖家庭的情怀，试图通过沟通这个行为，跨越情、理、法之间的阻隔，从而揭示、解读家庭中的沟通密码。

平等、沟通、对话、参与，是当今社会的主流意识，也是全球文化不断融合与发展的大趋势。在沟通方面，受到历史文化与社会环境的影响，中国家庭与欧洲家庭既表现出共同的一面，同时也展示了一定的差异性。有道是："他山之石，可以攻玉。"出版本书，也是想通过对中外案例的描述与分析，展现生动活泼的家庭沟通画像，从而搭建一个中外家庭之间的沟通管道。

本书各个章节的内容大多数来源于作者 2020—2022 年在《家族企业》杂志上"第五项修炼：沟通为王"专栏里连载的文章。为了保持整体上的逻辑自洽性以及阅读的前后连贯性，我们在本书中保留了期刊的一些形式，在字里行间能看到相应的痕迹。连载文章中用以分析的案例以欧洲家庭为主。在本书中，我们增加了一些中国的案例与分析，以便读者进行比较分析并有更多的思考。

本书在写作风格上摈弃了长篇大论，以短小精悍的篇幅阐述一个主题，并对应一些供自行检测的题目和自我评价的工具箱，方便读者学以致用，这也使本书具有了手册的风格与应用的方便性，尤其有利于自学。另外，本书对于家庭教育方面有关冲突的调解以及相关培训课程的开展也都具有积极的指导与参考价值。

这本书仅仅是抛砖引玉，希望能对广大的家庭有所帮助。也希望有更多的人能借助我们这本小书，反思自己家庭的沟通特点，关注每个家庭成员的心理健康与情感需求，引导或促进家庭的健康与幸福。祝愿每个家庭都能成为令家人感到温暖的福地！

裴蓉　叶冉

| Contents 目录 |

第一章　家庭内部的沟通　/　001
一、我们到底在说些什么？　　　　　　　　　　002
二、孩子已经长大了吗？　　　　　　　　　　　007

第二章　冲突的管理和避免　/　015
一、那些矛盾和冲突啊！　　　　　　　　　　　016
二、角色冲突　　　　　　　　　　　　　　　　022
三、家庭冲突的"双重护理"　　　　　　　　　027
四、当冲突升级时，我们说了哪些错话？　　　　035
五、当冲突升级后，我们还能谈些什么？　　　　041
六、家庭治理与健康的家庭关系　　　　　　　　047

第三章　谈谈过去　/　053
一、那些历史中的隐秘　　　　　　　　　　　　054
二、家族史　　　　　　　　　　　　　　　　　060
三、家族史的展示和分享　　　　　　　　　　　066

第四章　谈谈现在与未来　/　075
一、关于重大事件的讨论（一）　　　　　　　　076
二、关于重大事件的讨论（二）　　　　　　　　082

三、关于重大事件的讨论（三） 087
四、价值观——行动的试金石 092

第五章　谈话的艺术 / 097

一、"沉默"与"不沟通" 098
二、家长也需要被称赞 101
三、发现盲点 104

第六章　谈话的技术 / 109

一、协调人的作用和"发现实验室" 110
二、"发现实验室"里的"软问题"与"软答案" 115
三、"发现实验室"里的"软规则" 120
四、"发现实验室"中的家族治理（一） 122
五、"发现实验室"中的家族治理（二） 128
六、"发现实验室"中的家族治理（三） 134
七、"发现实验室"中的家族治理（四） 140
八、"发现实验室"中的家族治理（五） 144
九、"发现实验室"中的家族治理（六） 149
十、"发现实验室"中的家族治理（七） 154
十一、"发现实验室"中的家族治理（八） 159

第七章　家族企业的百年传承 / 165

第一章

家庭内部的沟通

一、我们到底在说些什么？

The limits of my language mean the limits of my world.

我语言的局限即为我世界的局限。

——路德维希·维特根施泰因（Ludwig Wittgenstein）[①]

这一节我们来谈谈你与你的家人是如何互相交流的以及你们会谈论什么。

2020年的前半年，你是否在家里制订着本该在办公室里才能完成的计划？而经过这些你本来毫无准备的与家人的时时相处，你对于这个"悠长假期"的回忆是分享、幸福和甜蜜，还是痛苦的沉默，伤人的话语，流泪，或无言以对的责备？

我们在家中谈论什么，有没有一些话题是我们希望避而不谈或保持沉默的？家庭中的沟通如何形成和谐且有动态联系的基础？我们是否在何时何地都记得保持彼此之间的联系，维护亲密关系，以及记得时时刻刻用幽默来作为家庭内部沟通的润滑剂？

被很多人忽视的是，我们何时、何地、如何互相交流以及谈论什么，需要智慧和领导才能。一种普遍的观点是有关沟通的培训只适用于商业环境或者公司管理，沟通发生在我们与客户之间，我们与下属之间。但其实有关沟通的准备和练习在家庭中尤其重

[①] 奥地利哲学家，曾任教于剑桥大学三一学院，著有《逻辑哲学论》，是20世纪最有影响力的哲学家之一，分析哲学创始人。

第一章　家庭内部的沟通

要。毕竟，一切都有一个地点和时间。我们总会考虑该与谁讨论、如何讨论，以及每个家庭成员在沟通时会受到什么影响。不能因为在涉及家庭问题和内部沟通的时候，这些有关沟通的决策做出的速度通常会很快，我们就认为这些决策并不重要或者决策的过程无关轻重。

家庭的内部沟通密码是指用于编写和表述一种家庭语言的规则和系统。无论我们是否意识得到，每个家庭都有自己的语言规则和系统，即内部沟通的密码。

我们写作本节的出发点是让读者了解我们的语言和内部认可的沟通密码，从而将一个家庭联系起来。家庭成员彼此分享经验，为沟通赋予了意义。这才是最重要的。

第一，我们在家庭内部传递沟通规则，并世代相传。这些规则随着时间而发展。语言不是一成不变的，并且家庭和家庭中的举止和交流肯定在不断变化。我们的家庭内部沟通密码不是一套僵化的体系，而是一个动态的系统。

第二，家庭结构正在发生变化，很多大家族现在拥有若干个"家庭小分队"。例如，家长们有自己的团体，孩子们也有自己的沟通平台，而父母们则不被邀请也不被要求参与孩子们在沟通平台上分享的所有事情。但是所有人的困扰却并不因此而减少：对于孩子们而言，哪些是可以（应该或者愿意）与父母共享的内容，而哪些又不是？对于父母而言，孩子们那些瞒着父母的事情，会不会转去跟爷爷奶奶、姥姥姥爷分享呢？

第三，科学技术的发展使我们的生活日新月异。今日的家庭内部沟通密码已经与十年前或三十年前的那套截然不同。父母们或者爷爷奶奶们对传统内部沟通方式的维护正在承受着巨大的挑战。现代科技是那么先进以至于能让所有的家庭成员"时时在线"，但亲密的线下接触仍然是独一无二且不可替代的。相对于不必有目光接触，容易隐藏情绪，谈话双方均可以随时退出沟通（掉线）的线上沟通，线下面对面的对话有经常的互相注视，有更多的细节会暴露情绪，需要肢体的接触，那么让这种交谈保持平和并取得成果是不是更难？

第四，在每个家庭中，都会谈论欢乐和悲伤。而对于富裕家庭来说，财务问题、事业的进展以及公司管理也会成为沟通的内容之一。尤其是资产的合理管理以及构成这一基础的商业活动通常是富裕家庭沟通的重要组成部分，并且随着财富的增长和家庭的成长，决策的复杂性也往往会增加。具体而言，除了每个人的欢乐和悲伤之外，应该以何种方式讨论家庭资产、经营的业务、投资收益和各种相关的活动？

有鉴于此，我们有必要在富裕家庭内部建立正确的内部沟通的密码系统，从而真正有效地以正式或非正式的方式谈论家庭生活、经营的业务、家庭资产以及发生在家庭成员之间的其他相关活动。

💡 第五项修炼进阶工具箱

第五项修炼工具箱的作用是帮助大家以相对科学的方式分析和了解自己家庭发生的各种情况和存在的问题。

工具一：我家的通话详单

就像我们的手机通话记录可以生成通话详单一样，家庭内部的讨论和沟通也可以被详细记录并列出。下面这个简短的测试会帮助你初步了解你家庭中的沟通情况。

现在请根据你家庭内部的沟通情况为这五类话题分别打分。

评分的标准有两个：一是看家庭成员在家庭中谈论该类话题的次数（即讨论的数量），每个话题的最低分为1（从不），最高分为5（经常）；二是看该类话题的讨论是否达到了你满意的深度（即讨论的质量），每个话题的最低分为1（肤浅的了解和讨论），最高分为5（深入的了解和讨论）。

每类话题的满分为10分（5+5）。

"我家的通话详单"中的五类话题：

第一类：与每个人相关的家庭活动中的各自活动（也包括个人福祉、健康、人际关系与互动等）

第二类：与工作或经营企业有关的活动

第三类：家庭资产、家族财产与治理

第四类：共同参与的活动，有关"意义"的活动，共同的及家庭成员各自的兴趣、梦想与追求（包括与之相关的慈善、商业赞助行为或共同花费）

第五类：其他一般主题（政治、社会、环境、娱乐、邻里等话题）

以上的自我评价满分为50分。你可以参阅各项得分考察每一类话题的沟通数量与质量，并如图1.1般将现有得分按照比例做成饼图。

通过分析下面这个家庭的通话详单，我们可以看出这个家庭内部有很多关于每个人的风雨人生、工作与经营以及其他一般主题的讨论,而关于家庭资产和家族内部治理,以及共同参与的活动、各自的兴趣的讨论却相对很少。

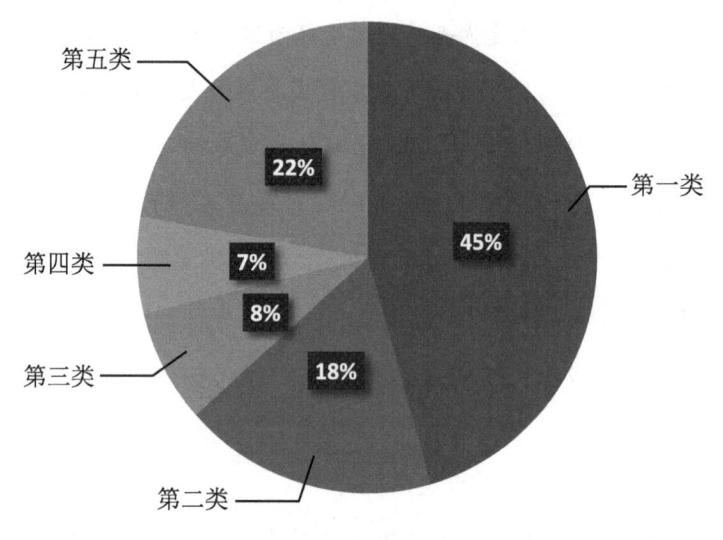

图 1.1 我家的通话详单

工具二：您如何评价家庭内部的交流？

1. 我对家庭内部的沟通感到非常满意
2. 我们家庭的气氛是积极向上的
3. 家庭成员积极参与其他成员的生活
4. 每个人都对家庭事务有了解,也了解相关财务事项
5. 如果有人为某事感到困扰,那大家就把它摆到桌面上来讨论
6. 我对家庭内部沟通的质量很满意
7. 每个人都可以与其他任何家庭成员交谈（没有人被排除在外）
8. 就敏感问题讨论时,我们一贯开诚布公,讨论也富有建设性
9. 我们意识到家庭成员彼此在阅历与视野上的差距,我们接

受彼此在生活方式上存在的差异

10. 家庭成员之间基本不在背后传其他成员的闲话和八卦（特别是负面消息）

请计算你的分数。你的评分越接近100，你所认为的交流质量和程度就越高。试着让其他家庭成员也进行评价，看看他们的反馈和你的是否一致？

第五项修炼进阶习题库

第五项修炼进阶习题库通过提出问题并帮助大家寻找问题的答案，达到解决问题或改进现状的目的。我们建议你找出以下问题的答案。这将会对改进家庭内部的沟通产生积极的影响。我们对以下问题的回答会在本书中揭示。

（1）真的是家庭里的每个人都想成为积极参与家庭事务的一员吗？

（2）你如何找到家人一起坐下来并谈论休闲话题和严肃话题的时间和场所？如果孩子已经长大或已经独立，这种安排仍然行得通吗？

（3）我们如何正确地看待我们（父母辈）所取得的成就？我们的价值观是否需要向子女传递？该怎么样传递？

二、孩子已经长大了吗？

在上一节中，我们建议你找出以下问题的答案，因为这将会对改进你家庭内部的沟通产生积极的影响。

（1）真的是家庭里的每个人都想成为积极参与家庭事务的一员吗？

（2）你如何找到家人一起坐下来并谈论休闲话题和严肃话题的时间和场所？如果孩子已经长大或已经独立，这种安排仍然行得通吗？

（3）我们如何正确地看待我们（父母辈）所取得的成就？我们的价值观是否需要向子女传递？该怎么样传递？

你可以参照自己的答案，在下文找出我们对以上问题的部分回答。建立有效的家庭内部沟通密码系统的重要一步是大家对彼此交流的"时态"进行选择。

试着回忆一下当年。在我们还在上学的时候，在我们规规矩矩地坐在学校的教室里，专心学习一门外语的时候，我们除了学发音、记单词，还有一项重要的学习内容就是明确所表达内容的时态——过去时、现在时，还是将来时。

你有没有想过，与之相应地，家庭内部日常交流的内容也有三种时态——过去时、现在时和将来时。而这三种时态在沟通中都起着至关重要的作用。我们在什么时候，以何种方式谈论过去？关于我们的现在，我们彼此正在分享什么？关于未来，在家庭中我们又会进行哪些对话？当我们之间的交谈涉及梦想或心中的"诗和远方"，以及那些对不可知、不可控的未来的安排时，我们的心情有没有很复杂：时而心满意足，时而患得患失，时而心怀憧憬，却也夹杂着遗憾、愤怒以及恐惧？

你有没有发现，我们中的有些人虽然活在当下，但在家庭中，谈话和交流的内容往往只停留在过去时态。他们总是忍不住地提到过去，并热衷于谈论他们旧日里的坚毅、专注、勇敢，那些曾经的生死一线、伟大历险、重大创伤或非凡成就。这不奇怪，因为往昔的经验和故事塑造了他们的性格并影响着他们今天的行动。可是，家庭沟通和交流中的另一批人（往往是年轻的一代人），则与之相反地忙于计划他们的未来。

那我们该如何在这些差异之间找到平衡？我们先来看一个真实的案例。

亚东信奉努力工作才会有所回报。亚东管理公司以及相应的所有财务事项。他还活跃于当地的社团和体育俱乐部。

在家里，亚东是个沉默寡言的人。他与妻子董娜的婚姻到今年已经进入了第45个年头。在他们的家庭中，亚东与董娜有着明确的角色划分。董娜负责管理家庭的事务，抚养孩子，关注他们的需求，并随时与他们沟通。

在访谈中，他们说——

亚东："我在家里不怎么说话。这当然不是因为我不高兴这么做。事实上，家里的事情一般也不需要我说些什么。"

董娜："孩子们都长大了，各自成家。但每个周末他们也都来看望我们。通常亚东跟小辈们打过招呼后，就连周末也会去办公室上班。"

小女儿："爸爸总是那么忙！"

大儿子："我们其实是为母亲而回来的。实际上这么多年来，我与父亲也没有什么私人关系。我敬重他在商业上所取得的成就，但我从来没就我自己的事情向他开口或征求过意见，哪怕他对这一切都了解得更多。"

通过深入访谈亚东的家庭，我们注意到亚东其实非常看重子女们对他的认可。因此，他从不在家人面前展示他的软弱，也不愿意分享任何会损害他的声誉或者哪怕只是有可能使他显得虚弱的东西。

我们在本书中讨论的家庭内部沟通密码是以和谐家庭的平衡为特征的沟通方式。只有正确的家庭内部沟通密码才是家庭关系的黏合剂。

我们大家都有自己的想法和感受。而且，只有在我们彼此真正信任的情况下，我们才能共享它。家庭由不同个性的人组成。事实证明，父母、伴侣和孩子之间具有不同的价值观，且子女或伴侣往往并没有我们所希望具备的动力，不认同我们所重视的能力或方向。接受这些差异是开诚布公进行交流的要求。这听起来似乎很容易，但如果家庭中的一部分人是一本本打开的书，另一部分人则是一扇扇紧闭的门，则即使他们之间是有着血缘纽带的亲人，彼此也会难以沟通。

那么，如果孩子已经长大独立，一家人在一起的时候，该谈些什么呢？家庭成员之间的沟通，该从哪里开始呢？

对于**一般性话题**，首先，我们要平衡我们的谈话内容，确保既谈论过去，又讨论现在与未来。遗憾的是，我们经常看到老一辈不是用过去时态试着谈论或倾听孩子们的童年感受，而是更喜欢用过去时态追忆他们自己的峥嵘岁月。这样做的结果是他们通

第一章 家庭内部的沟通

常会错失与子女们沟通的良机。

当孩子长大后，他们也会回顾自己的童年。请试着询问你的孩子如何度过童年，并适度讨论他们当年遇到过的困境、有趣的或是可能并没有那么有趣的事情——这将毫无例外地加深我们与孩子之间的关系。

我们可以一起用过去时态收集回忆，以点点滴滴的方式记录自己的"家庭传记"，并尝试着问自己以下问题：

（1）每个人都能在这本家庭传记中认出他自己吗？

（2）沟通中是否给大家足够的空间讲述不同角度的体验和每个人眼中的故事？

（3）大家对这种沟通感兴趣吗？

其次，我们要注意以平衡的方式进行沟通。如何在说话时保持平衡呢？请结合以下各项（在自己能做到的项目上打钩）思考自己过去的沟通行为是否达到了平衡。

（4）是否能做到至少在一部分时间"以听为主"？

（5）是否认为耐心地倾听就是理解对方的真实含义和感受？

（5）是否牢记每个人都有值得倾听的声音？

（6）是否既说话，又有足够的时间保持沉默？

（7）是否既表达欣赏，也提出批评和挑战？

（8）是否抱着认真的态度，还尝试着加上些许幽默和风趣？

对于比较严肃或敏感的话题，我们又该怎么谈论呢？

本书是基于有关家庭沟通的科学理论知识，并结合与不同家庭的多次对话和访谈编写而成的。需要谈论的主题太过敏感，这是每个家庭都会遇到的问题。我们还是要回到对家庭内部沟通密码的讨论上来。

首先，在这些对话中，及时地进行反思和给予支持是非常有意义的。确保大家都可以在安全的环境中说话，这一点非常重要，因为只有经过这样的谈话，家庭关系才能变得更加牢固。请结合以下各项（在自己能做到的项目上打钩）思考自己过去的沟通行为是否达到了平衡。

（1）是否注意过去时态、现在时态和未来时态的平衡？

（2）是否关注家庭成员内部相似之处和不同之处的平衡？

（3）任何人都可以发表意见吗？

（4）有确保家庭成员（尤其是年轻一代）的声音被听到吗？

（5）在发表意见的同时，我们彼此了解吗？

（6）是什么束缚了我们或者威胁到了我们？

（7）是什么让我们快乐，又是什么使我们悲伤或感到困扰？

其次，在有关继任、能力和遗产继承以及有关价值观、接受多样性等的对话中，我们可能会得益于一个客观的、深受信任的、有专业知识的局外人的指导。毕竟，所有的家庭成员都可能有自己独立的愿景和利益，无论是子女，还是父母。

图1.2显示了三个圆环。从左到右依次为企业、家庭（族）、所有权。在三个圆环的内部以及七个不同的领域中，家族企业的参与者与家庭成员扮演不同的角色。有些家庭成员对家族事业具有高度的责任心和荣誉感，愿意在各个领域都有发言权或者一席之地。但同时，我们也得承认，并不是每个家庭成员都对家庭事务的方方面面感兴趣，并愿意积极参与或争取发言权。因此，不同的家庭成员会选择在不同领域承担单一或多重角色。这些角色

伴随着不同的角色期望，而当这些期望与现实不匹配时，就会引发冲突，我们称之为角色冲突。

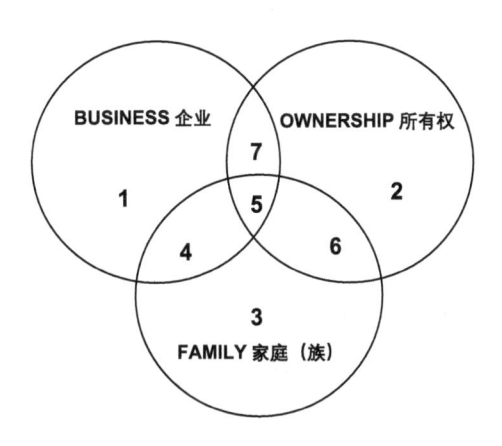

```
        BUSINESS 企业    OWNERSHIP 所有权
              7
         1    5    2
              4    6
              3
          FAMILY 家庭（族）
```

图1.2 企业、家庭（族）、所有权三环模式

第五项修炼进阶习题库

第五项修炼进阶习题库通过提出问题并帮助大家寻找问题的答案，达到解决问题或改进现状的目的。我们建议你找出以下问题的答案。这将会对改进家庭内部的沟通产生积极的影响。我们对以下问题的回答会在本书中揭示。

（1）在家族事务的方方面面，家庭成员们最容易在哪些领域发生冲突？

（2）该如何应对这些角色冲突？

第二章

冲突的管理和避免

一、那些矛盾和冲突啊！

在上一章中，我们建议你找出以下问题的答案，因为这将会对改进你家庭内部的沟通产生积极影响。

（1）在家族事务的方方面面，家庭成员们最容易在哪些领域发生冲突？

（2）该如何应对这些角色冲突？

你可以参照自己的答案，在下文找出我们对以上问题的回答。

其实在不同的时期、不同的情境下，每个家庭中的某几位成员之间都有可能在一段时间内存在紧张关系，例如夫妻之间，父母与子女之间，兄弟姐妹之间，堂兄弟姐妹或那些更旁系的亲戚之间。不同于我们经常见到的那种迅速发生且迅速被解决的"正常"刺激（大吵一架或短暂的冲突），家庭成员之间的这些紧张关系有时表现为更为深刻的冲突、分裂，或是影响更为深远的长期怨恨和失联。

在本节和之后的章节中，我们将讨论：

（1）富裕家庭中经常发生的经常性冲突的根源究竟是什么？

（2）处理这些冲突的方法究竟有哪些？

（3）可以采取什么样的预防措施？

（4）当冲突进行到不同的阶段时（例如冲突在逐步升级时）应采取什么样的措施？

（5）如何实现家庭内（外）部的和解？

（6）第三方能够为此提供哪些支持？

让我们从下面的这个例子谈起。

第二章 冲突的管理和避免

古森（Goossens）一家的麻烦

自1986年以来，来自比利时圣尼古拉城（Sint-Niklaas）的古森家族一直是阿尔泰克斯公司（Airtex）的骄傲所有者。阿尔泰克斯公司生产旅游业所需的热气球，并成为这一领域的世界级领导者。

30多年来，老父亲维克多·古森（Viktor Goossens）将公司的业绩推向并保持在了前所未有的高度。2016年，阿尔泰克斯公司的营业额为9600万欧元，利润为1056万欧元，利润增长率为11%。阿尔泰克斯公司拥有342名员工，在匈牙利和捷克拥有两个生产基地。公司总部位于圣尼古拉城。八名杰出工程师组成的研发团队在日复一日地研究开发新产品，而公司的固定利润绝大部分来源于这些研发工程师所带来的产品附加值，他们的努力使得阿尔泰克斯公司年复一年地保持着大幅度领先于竞争者的行业领导地位。

维克多的职业生涯开始于在比利时的一家纺织公司担任工业工程师。他敏锐的商业嗅觉使得他在1985年就开始关注热气球在旅游领域的应用。可他当时就职的纺织公司并没有关注这个新兴产品与市场的开发，也没有能力提供资源与空间。于是，维克多决定创业，并成立了一家公司，即阿尔泰克斯公司。他的妻子萨宾娜（Sabine）随后也加入了公司，与维克多一起带领着公司朝着正确的方向发展。现在，她每周工作两天，为维克多担任管理助理。作为一名成功的企业家，维克多的座右铭是："空谈不如行动。"

维克多和萨宾娜有两个孩子：大女儿奥赫利（Aurélie）和小儿子卢卡斯（Lucas）。奥赫利在比利时根特大学攻读土木工程专业。她以优异的成绩毕业，并获得了比利时法兰德斯大区最具创新性研究论文奖。自那之后，她在一家国际太阳能电池板生产商工作了10年。奥赫利与中学地理老师戴维（David）结婚，并生了一个可爱的小女孩弗洛尔（Fleur）。奥赫利和戴维住在比利时圣尼古拉城里。

维克多的小儿子卢卡斯曾在鲁汶大学读书并获得了应用经济学的硕士学位。大学毕业后，他开始在自己家的企业阿尔泰克斯公司工作。此后，他不断地挑战自己，在国内外的分公司里担任过各种职务。他现在是"业务开发人员"，专注于欧洲、中东和非洲（EMEA）地区的业务。卢卡斯对于如何做生意有自己的观点，有时是与维克多不同的观点。尽管如此，他仍然很容易赢得客户的信任与合同。他的性格和能力使他能够不断地结识新的朋友。卢卡斯目前单身，住在比利时的安特卫普。

十年前，维克多将阿尔泰克斯公司30%的股份赠与了女儿奥赫利和儿子卢卡斯，但要受使用权的限制。只有在使用权限制失效时（例如维克多去世之后），奥赫利和卢卡斯才能行使其作为股东的投票权。维克多认为，他赠与的这笔款项能够给予他的子女在未来以财务上的保障。

维克多现在70岁，他想腾出更多的时间来休闲，比如去钓鱼。六年前,他在挪威奥斯陆以北40公里处购买了一块72公顷的土地。那次购买行为的起因是一次突然的心脏病发作。那次的意外使维克多清醒地意识到他的生命是多么有限。同时，他的医生也一次次地警告他，说他担任首席执行官的繁忙生活对他虚弱的心脏非常不利。在挪威的那片土地上，有一条小河流过，那里非常适合钓鱼。除了一座乡间别墅，维克多还计划在这片土地上建造一个

第二章 冲突的管理和避免

传统风格的木屋。他会和妻子萨宾娜在那里安享晚年。他们的想法是：孙辈们——尤其有着可爱的苹果脸，笑起来像花朵一样的弗洛尔——可以在属于他们的乡间别墅中度过夏天。

现在，维克多将辞去首席执行官一职。那之后，他将会是阿尔泰克斯公司董事会的主席。

在这个家中，围绕阿尔泰克斯公司和家族财产的继承问题的讨论其实很少。当一家人聚在一起时，说话的通常是妈妈萨宾娜和孩子们。当与公司相关的话题在家里被讨论时，通常萨宾娜会介入并很快地切换到另一个她认为更适合在家里谈论的话题，比如为什么卢卡斯虽然交际广泛，但到现在还是单身，还没能找到自己的另一半。在这个家里，没有结构性的家庭理事会来讨论有关公司业务和资产的话题。

卢卡斯已经将自己视为父亲的继任者，尽管他不知道确切的继任时间。他对此并不十分担心，因为与姐姐相比，他认为结论是显而易见的——他绝对是更合适的那个继承人。

维克多很少与儿子讨论公司的未来。但他自己的观点也已经通过各种场合"传达"给了孩子们。例如，有一天，维克多说，只要阿尔泰克斯公司能继续成长，他就希望公司可以留在家族中，继续成为家族产业的一部分。这样他会觉得很安心。卢卡斯认为这直接证实了他自己可预见的未来。然而，这些对话似乎只是简而言之、泛而言之，从未真正变得切实且具体。卢卡斯承认自己很少受到父亲的赞赏和承认，但他也习惯并安于此，毕竟他从小就已经接受了父亲在他成长过程中的缺失——这个人甚至就没来看过他的任何一场足球比赛！

维克多与女儿奥赫利也没有就阿尔泰克斯公司内部的继任问题进行过任何实质性的讨论。在维克多看来，奥赫利对家族企业并不感兴趣。并且古森家族的传统都是男人在外面拼杀，在养家。可事实上，早在几年前，当奥赫利和萨宾娜某一次共进午餐时，奥赫利就已经很坦率地谈到了自己在运营事业上的雄心和计划。她已经利用自己的管理才能为其他有影响力的公司提供指导。既然这样，为什么不从自己家里的事业做起呢？可是，她的那番雄心并没有在平静的水面上泛起什么浪花。与妈妈萨宾娜的那次谈话，在那之后也并没有什么下文。

其实多年以来，萨宾娜一直在试图让维克多面对并解决阿尔泰克斯公司的继承问题。就在最近的一次，她还向他指出，如果他某天突发不测，公司将毫无疑问地陷入困境。萨宾娜认为儿子卢卡斯应该为继任做好准备。但是，维克多怀疑卢卡斯的能力。他认为卢卡斯没有分析能力来为阿尔泰克斯公司确定发展方向。维克多承认卢卡斯在到目前为止的商业尝试中都显示出了他的实力，但维克多并不认为他的儿子是一个可以自信地带领公司迈向未来的强者。维克多不能将阿尔泰克斯公司转交给跟他一样已近耄耋的妻子，但却同样很明确地不想交给卢卡斯。所以，这么多年来，维克多就一直这样拖延下去。

可如今，维克多终于决定在年度会议上寻求建议。他向少数可靠的朋友介绍了家里和公司的情况，并请他们一起参谋并做出了决定。

两个月后一个星期天的下午，他宣布这项决定的时候，一家人正在一起享用晚餐。维克多放下酒杯，少见地在饭桌上发言。"如你们所知，我的生命早就已经进入倒计时了。我通过自己的努

第二章 冲突的管理和避免

力使阿尔泰克斯公司在这些年里变得越来越强,并在这几十年里确保了家族里的每一个成员在财务和金钱上都有所得。现在我想告诉你们的是,我计划在一年内辞去阿尔泰克斯公司的首席执行官一职。我决定让我们的财务总监伯特(Bert)成为我的继任者。两天前我与伯特达成了一项正式协议。伯特具有卓绝的分析能力和管理经验。我相信他可以确保阿尔泰克斯公司的未来。这是一个非常明智的决定,我认为你们每个人都可以从中长期获得收益。"

几秒钟后,卢卡斯腾地站起来,他的脸涨得通红,向父亲喊道:"我发誓我将用自己的双手摧毁阿尔泰克斯公司。爸爸,你背叛了我!"

奥赫利脸色灰败,看起来神思不属。但她还是没忘记轻声地安慰身旁的弗洛尔,因为这个小姑娘已经被吓哭了。

冲突是人的天性导致的。资源和金钱,价值和信念,偏好或利益,关系或身份,无论从哪一点来说,冲突都有可能发生。

每个家庭都会发生冲突。但是在富裕家庭中却有特定的冲突根源。这与富裕家庭中各个成员间彼此有更多的财富与所有权交织的这一事实有关。古森家族的例子很清楚。冲突可能出现在不同的领域——家庭管理权、公司所有权(股份和其他资产)和业务管理(阿尔泰克斯公司)。虽然这些领域中的每一个领域都可能发生紧张和冲突(见图1.2),但是研究表明,冲突经常发生在图1.2中三个领域的交汇处,尤其是当发生转变,或者家庭成员开始担任新的职位、转换新的角色时,正如我们在古森家族的案例中看到的那样。

图 1.2 标明了富裕家庭最容易发生冲突的七个不同的领域。家族企业的参与者在其中扮演着不同的角色，而这些角色也同时伴随着角色期望。如果这些期望与现实不符，则必然会引发角色冲突。

在下文中，我们会为大家分别介绍这七个领域所产生冲突的内容、特点与应对方式。我们还会结合古森家族的案例，进一步探讨处理冲突的三个层次以及不同的冲突管理风格。

第五项修炼进阶习题库

第五项修炼进阶习题库通过提出问题并帮助大家寻找问题的答案，达到解决问题或改进现状的目的。我们建议你找出以下问题的答案。这将会对改进家庭内部的沟通产生积极影响。我们对以下问题的回答会在本书中揭示。

（1）古森家族的案例是否让你有似曾相识之感？

（2）在家族企业继承方面的冲突，是不是富裕家庭所常见又最无力避免的冲突？

二、角色冲突

在上一节中，我们建议你找出以下问题的答案，因为这将会对改进你家庭内部的沟通产生积极影响。

（1）古森家族的案例是否让你有似曾相识之感？

（2）在家族企业继承方面的冲突，是不是富裕家庭所常见又最无力避免的冲突？

第二章　冲突的管理和避免

本节我们将继续探讨家族事务的方方面面，包括家庭成员们最容易在哪些领域发生冲突，以及该如何应对这些角色冲突？你可以参照自己的答案，在下文中找出我们对以上问题的回答。

第一章中我们已经介绍过家族企业的三环结构。图中从左到右依次为"企业""家庭（族）""所有权"。在三环的内部以及七个不同的领域中，家族企业的参与者和家庭成员在其中扮演不同的角色。

有些家庭成员对家族事业具有高度的责任心和荣誉感，愿意在各个领域都有发言权或者一席之地。与此相应，有些家族企业的参与者所承担的角色伴随着相当的角色期望，如果这些期望与他们所面对的现实不符，则很自然地会产生角色冲突。

图 1.2 的数字对应着富裕家庭中可能的冲突领域。具体为：

1. 企业。都有谁在那里工作？他们在公司业务中有着怎样的参与？当然，在公司内部，员工与员工之间也可能产生紧张关系。

2. 权力或所有权。"权力"是最古老的话题之一。而所有权的结构如何？由谁来决定家族（庭）资产的用途？我们以什么价值观来指导与所有权相关的会议及讨论？

3. 家庭（家族）。家庭内部可能发生冲突。例如，伴侣的选择，婚姻纠纷，不被孩子看重的父母以及不被父母看重的孩子。

4. 受雇于家族企业的家庭成员。这一领域中，还不是股东但在公司工作的家族成员经常遇到复杂的角色问题。在古森家族的案例中，我们了解到维克多的儿子卢卡斯其实有着各种各样的设想和期望——如果他的位置能成功地从第 4 领域转到第 5 领域的话。

5. 在家族企业工作并拥有所有权的家族成员。这个领域从本质上意味着管理企业、管理财富和管理家庭之间的交互和碰撞。这几项"重任"使这个角色变得有趣，也由此引发冲突。在古森家族的案例中，维克多通过不参与对话在很长时间内避免了这些冲突，但这反倒给其他人带来了各种期望。这些人包括他的妻子萨宾娜、他的儿子卢卡斯和女儿奥赫利，也许还有他公司里的各位高级经理人。

6. 拥有所有权但并不在家族企业工作的家族成员。这一领域的家庭成员是作为家族企业的共同股东却不在家族企业中工作的那些人。从某种意义上说，他们独立于公司，并可能对公司业务也知之甚少。同时，他们确实对公司具有控制作用，并且通常还能做一些投资决策。维克多的女儿奥赫利在古森的家族企业中就属于这个角色。而在古森家族的案例中产生的问题是，奥赫利是否希望能担任其他职位，例如在公司工作（转到第5领域）。

7. 拥有所有权并在家族企业工作的非家族成员。在这个领域，我们看到许多公司常常通过使忠诚的员工成为共同股东来奖励他们。这无疑将增加这些员工的主人翁意识和与组织荣辱与共的责任感。由此，不同群体的股东之间，公司利益和家庭资产之间也会产生紧张关系。

就像我们在古森家族的案例中发现的一样，太长时间以来，在古森的家庭会谈中，他们都回避了家族企业继承这一敏感话题。首先是维克多夫妇避而不谈这个话题，而从孩子们的角度看，他们也各怀心事，并且没有任何一个人坚持在这一点上与父母展开对话。正如古森家族的案例所揭示的，事实上，无论是从法律层面还是从情感层面来看，家庭成员之间有关财产继承的冲突和争执往往是最为激烈的。

第 二 章　冲突的管理和避免

很少有冲突会像家庭冲突一样对人们的情感产生如此深刻且巨大的影响。正因为它们是深刻的情感冲突，通常源于童年或者早期生活的经验和记忆、挫败和创伤，所以当这些负面情感随着我们的成长被砥磨、压制时，我们会发现自己越来越难以在家庭成员彼此之间展开平静且适当的讨论。轻视、误会、嫉妒与敌意在此循环往复，形成破坏性螺旋，并引发冲突的进一步升级。而寄希望于在短期消除冲突升级所产生的负面影响则是一个难以达成的目标。

所以，该怎样做才能阻止这些情况的发生？该怎样做才不会出现在古森家族的案例中看到的恶果？好在，如今我们已经知道——冲突是可以被管理和避免的。

了解了可能的冲突领域，下面我们来谈谈如何对冲突进行管理。我们的冲突管理风格深受家庭和社会文化生活的影响。正如大家可能已经注意到的，在古森家族的案例中被嵌入的冲突管理风格更侧重于避免冲突。

"冲突管理"包括冲突各方在冲突情况下的所有行为。我们可以至少从以下三个层面来讨论它，即从一般的个人风格到非常具体的行为动作。

处理冲突的三个层次

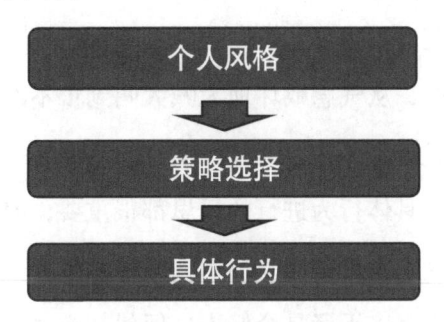

图 2.1　处理冲突的三个层次

首先，重要的是要了解每个人的冲突管理风格。所谓个人风格，这里是指在各种冲突情况下做出回应的稳定模式。在家庭内部，个人的冲突管理行为的性质和方式会有所不同。你和你的家庭成员的冲突管理风格与你们各自性格的方方面面有关。有可能一个人更具竞争力，而另一个人更具合作性；一个人避免更多冲突，而另一个人敢于寻求对抗；一个人善良并乐于奉献，希望每个人都能开心，而另一个人却一直在寻找属于自己的解决方案。需要指出的是，根据你在家庭中的角色，这种风格的表现也可能会有很大的不同。你的个人风格是什么？如果想要对此有一个全面的认识，请务必询问你的伴侣和家人。

冲突管理的第二个层面是进行策略选择。在特定的冲突情况下，我们通常选择哪种方法？在什么时候生气，什么时候回避，什么时候退让屈服？这取决于你自己就特定冲突设定的具体目标，也取决于前因后果，以及我们与冲突的其他各方的私人关系等因素。

许多人经常担心我们如何更好地应对棘手的情况，以及我们如何对家庭成员的情感行为做出最佳反应。实际上，我们实施策略的方式往往取决于既定的和临场的具体行为所触发的特定的冲突。这些行为既包括坚定地执行或不执行某一项策略，也包括当时、当场被激发的应对行为。从挑高的眉毛或玩世不恭的笑容到戏剧性的打断和挑战，从气急败坏地大喊大叫到忙不迭地逃跑，或是自始至终都惜字如金、保持沉默。无论怎样，我们在事后对于当时、当场做出的各种具体行为进行的反思都很重要，因为在历次的冲突中，具体行为绝不总是与我们的战略和意图相一致。在古森家族的案例中，维克多无疑是个好人，但他却亲手"杀死"了他的亲子关系。这通常是一种沟通无能的表现,一切都始于不愿与对方取得联系或进行沟通的错误出发点。

在后文中,我们将逐一介绍五种冲突管理方式,并探讨当冲突进行到不同的阶段时(例如冲突在逐步升级时)可采取的应对措施。

> **第五项修炼进阶习题库**
>
> 第五项修炼进阶习题库通过提出问题并帮助大家寻找问题的答案,达到解决问题或改进现状的目的。我们建议你找出以下问题的答案。这将会对改进家庭内部的沟通产生积极影响。我们对以下问题的回答会在本书中揭示。
>
> 根据上述模型对紧张和冲突进行分析,回答以下问题:
>
> (1)你在身边哪里看到过冲突或体会到了紧张的关系和气氛?
>
> (2)你的家庭成员对待这些冲突是开放的(愿意就此展开讨论和开诚布公地谈话),还是保持沉默?
>
> (3)这些冲突或可能的紧张关系所带来的风险会是什么?这些潜在风险对家庭、财产或企业的威胁有多大?
>
> (4)以你的立场和角度,可以做些什么来避免这些冲突?

三、家庭冲突的"双重护理"

在上文中我们介绍了家族企业的三环结构,并讨论了家庭或家族企业中容易出现冲突的领域。这一节里我们来回答上次给大家提出的问题——如何从我们的角度出发避免一些在家庭内部发生的冲突。

"任何人都会生气，这很简单。但选择正确的对象，把握正确的程度，在正确的时间，出于正确的目的，通过正确的方式生气，这却并不容易。"

亚里士多德在《伦理学》一书中的这一声明恰当地表达了冲突管理和学习应对紧张局势的核心。在以善良作为美德的语境中，亚里士多德发表了自己的看法。他把处理冲突的方式视为我们不同类型的个性的表达。他说时时展现仁慈并不意味着你永远不会生气。频繁而至的烦躁不安却正是个性脆弱的标志。而与他眼中的"理想型"背离得最厉害的，恐怕就是一方面极度回避众人，另一方面脾气暴躁，终日愁苦，还满嘴愤恨的人。

而今的生活节奏远比亚里士多德的时代紧张。在这个时代处理冲突已经不仅仅是基于我们不同类型的个性，还要学会如何掌握诀窍，打破固有的生活和合作形式，及时认识到身边的紧张局势并防止局势继续恶化和升级。然而，这第一步就需要及时地意识到问题的严重性并采取行动。我们认为，认识自己并对一起生活的家人有深入的了解就是有效管理冲突的原点。维克多和他的儿女的案例就清楚地说明了不了解对方、不承认紧张局势、不及时解决紧张局势的失误在家族企业和家庭关系双方向上导致的风险。

但正如亚里士多德所说的，这是一个关系到每个人的个人风格的问题。所以我们先来问问自己：通常情况下，我处理冲突的方式是什么？有哪些做得好？又有哪些毛病？而对于我们所采取的解决冲突的策略行为，我们也该仔细思考，到底哪种策略对我而言最合适？该在什么时候选择退让来避免冲突，又该在什么时候旗帜鲜明地维护自己的想法和需求？当涉及某个具体事件或者具体行为时，我们选择这样做或者那样做的目的究竟是什么？如何像亚里士多德说的那样，在适当的时间、出于适当的目的、以适当的方式表现出我们的怒意与需求，并将其传达给其他人？

处理冲突的五种方式

对冲突管理方式和行为进行分类的一种常用方法是"双重护理"模型（见图2.2）。该模型认为，冲突管理可以在两个维度上进行——既从自己的视角出发关注冲突的解决，又关心彼此，注重与冲突的另一方发展关系。图中的箭头代表从避免到解决问题的过程，我们称其为整合维度。这就涉及双方一起寻找新的整合解决方案的意愿和努力。

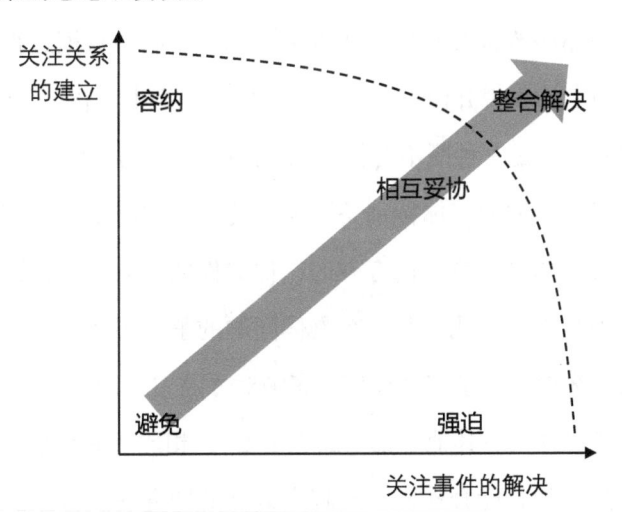

图2.2 "双重护理"和冲突管理方式

从"双重护理"模型中，我们其实可以分析出以下五种冲突管理方式。

第一，强迫型。你拥有清晰的愿景，对你而言最重要的是确保你实现自己的想法。在冲突中，你通常很少关注和照顾另一方的利益和需求，也不那么看重与另一方的关系。这种做法可能是因为你认为自己对事件的想法和认识也适用于他人，并且对他人而言也是最佳方案。同时这也是你源源不断地输出自己的观点并持续将其强加于人的主要原因。这是一种高度武断且几乎不考虑与对方合作的冲突解决方式。

第二，避免型。冲突尤其是冲突带来的危险让你不安，令你不快。你想尽办法避免冲突以及由此带来的后果，原因通常是在此种情况下你认为自己失去的比得到的要多。可这样做的后果是，问题没有得到解决，你的行为没有让对方觉察到他在冲突中受到关注，因此也就谈不上什么关系得到了改善。不排除这种可能性——那些改善关系的想法也许在你的脑海中盘桓过很久，可这些思想上的重视并没有被你反映在你的行为中。相比于强迫型，避免型采取的是一种既不合作但也不武断的冲突解决方式。

第三，容纳型。你特别关注他人的利益和需求，尤其当他们对你而言是非常有意义的存在时，比如你的家人。在你眼里，关系的维护与持续远比对某一个具体问题的争执不休更为重要。这就是为什么你倾向于完全或部分容纳对方的立场和观点。"能让你快乐，我就高兴。其他的都不那么重要。"相比于避免型，容纳型采取的是一种高度合作而武断程度极低的冲突解决方式。容纳型与强迫型在冲突管理上的表现是两极化的。

第四，相互妥协型。为了解决争议，你希望既考虑你的个人利益，也考虑对方的相关权益。"双方各退一步"是你解决冲突的基本出发点。如果汤做得太浓了，那就往里面加点儿水。但要是汤太淡了，那就再放点儿盐。"你中有我，我中有你"。在冲突中，你谋求通过你的努力寻找到一条双方都能接受的中间道路，使得冲突的哪一方都不觉得很吃亏，但也没占到什么大便宜。对比上面提到的三种冲突管理类型，正如我们预见的那样，相互妥协型致力于通过在合作和武断之间取得平衡来达到解决冲突的目的。

第五，整合解决型。冲突中双方的利益和愿景被赋予了更高的价值，大家的需求、思想和利益也得到了很多关注。你会开诚布公并富有创意地寻找能够满足甚至提升双方利益的新的解决方案。在寻求解决方案的过程中，其他的冲突管理类型也有可能被使用并发挥作用。

小游戏：什么动物代表了你在家庭中的冲突管理风格？

在家庭聚餐的时候，我们可以讨论哪种动物代表家庭成员各自典型的应对冲突的风格。

我们可以使用诸如"猫头鹰般的睿智""狐狸般的狡猾""柔顺的小猎犬""炸毛的刺猬""假装看不见的鸵鸟""柔软的泰迪熊"或者"反射弧超长的恐龙"之类的"动物＋形容词"的方式来形容家庭成员各自的冲突管理风格。注意，我们可能同时具备多种"动物"特质。要多问问为什么，并请大家试着举一些例子，提一些建议，或者告诉你他们希望你成为的动物类型。要记得彼此开开玩笑，因为在家庭内部，哪怕是讨论冲突，也是能以一种非常轻松愉快的方式来进行的。

让我们回到古森家族的案例来讨论一下如何防止冲突升级。因为家庭与家族企业管理的交叉性，古森家族的成员之中定然会存在紧张、分歧和不同的需求。而且，无论是在情感上，在日常生活中，在工作中，还是在财务和物质意义上，他们之间相互联系的能力越强，冲突的可能性就越大。越相互依赖，就越有危险。更何况在家族与家族企业的交叉中，如我们上文所讲的，可能发生冲突的领域也有很多。

很遗憾，这是一个富裕家庭的悖论。

我们通常都知道这一点，这就是为什么这么多人包括古森家族的某些成员都选择了谨慎而行和回避冲突。我们不仅担心冲突，更担心冲突一旦失控就会迅速升级。

但是，正如我们在古森家族的案例中所看到的那样，从长远来看，避免这种冲突会带来更为重大的冲突风险。因此，对家庭的每个成员而言，尽早地训练自己使用"家族冲突管理技能包"就显得尤为重要。这个"技能包"由家庭成员的自我认知、在家族（庭）内部长期形成和不断发展的家庭价值观和准则以及对自身和家庭成员的冲突管理风格的认知所组成。通过一系列的具体行为，家庭每个成员对"技能包"的积极使用会将我们通常所认为的"正能量"从个人转化到家庭，从而在整个家庭系统中产生积极的影响。

此外，"技能包"的日常使用也能帮助家庭成员更好地处理相对简单和较小的意见分歧，从而可以更好地应对复杂的挑战。个人和家庭都需要反思。我们在意图上通常是善意的。为了深入了解我们的行为，我们应该更经常仔细地询问别人对我们的看法，从而使自己的认知不至于太过偏离家人的看法。例如，你可能会觉得自己非常有洞察力，还十分适合帮助家庭成员解决他们自身的困难，可你的家人却可能感到你高高在上、胸有城府还惜字如金。如果此时你还将自己的看法和观点视为出发点，你的帮助就很有可能让家庭里的其他人感到不适。

家庭作为一个系统，其成员也只有在彼此谈论共同的家庭功能时才有意识地学习。每个人的愿景在这里都很重要。如果某些主要家庭成员定下了基调（通常是这种情况），那么问题是，对其他每个人而言，这个基调意味着什么。每个人在家庭中都会感到被欣赏、被听到和看到吗？每个人都可以贡献他的想法，并使他在决策中占有一席之地吗？这些决定可能仅仅与一起吃什么、做什么、去哪里度假有关，也可能与是否进行可持续投资、关闭公司或谁在家族企业中占有一席之地有关。

有关冲突管理的价值观和规范可以是：

1. 家庭中的每个人都是不同的，这才使我们的家庭如此独特。

2. 尊重差异，表达差异。尤其注意在别人表达差异的时候，要以尊重的态度对待。

3. 经常提起我们对同一事件的看法的相互差异。

4. 如果发现其他两个家庭成员互相交恶，我们会寻找到他们并在24小时之内让他们把自己的看法和观点说出来。

5. 让他们彼此交谈也可以，如果他们此时仍然愿意彼此交谈。

6. 亲戚间的助力有时候有助于解决问题。

7. 针对冲突，我们彼此交谈，力争找到共识。

8. 家庭中表达以下价值观：平等、团结、欣赏、诚实、开放和自治。

9. 家庭中发生冲突和紧张是相互学习、相互了解和实现成长的重要时刻。

请注意：最后这一点尤为重要！

第五项修炼进阶习题库

第五项修炼进阶习题库通过提出问题并帮助大家寻找问题的答案，达到解决问题或改进现状的目的。我们建议你找出以下问题的答案。这将会对改进家庭内部的沟通产生积极影响。我们对以下问题的回答会在本书中揭示。

在下文中，我们将会讨论当冲突不可避免地升级之后我们的心理状态和相关的行为。在那之前，你可以先看一看你是否能回答以下问题：

（1）你的家人之间容易发生冲突吗？你认为什么是你们擅长的，什么是你们需要共同面对的挑战？

（2）作为一家人，你们有没有在某一时刻集中进行过反思？

（3）作为家庭成员，你们主要在哪些方面看到针对冲突的管理技能有提升或改变的空间？

（4）你知道你的家人怎么看你吗？

四、当冲突升级时，我们说了哪些错话？

在上一节里我们介绍了在面对家庭内部冲突时可以采用的"双重护理"模型。在前文中我们曾经提到过，很少有冲突会像家庭成员之间的冲突那样对我们的情感产生如此重大的影响。

而当冲突进一步升级时，我们经常看到的情况是与之相伴的种种怀疑、恐惧与不确定性会追溯到我们曾经的过往。冲突升级时典型的表达方式有"你从来都不曾在乎过我的感受！""你从来没试图理解过我！""你从来不知道我想要的究竟是什么！""你从未给予我任何帮助！"如此种种。

还记得之前古森一家的案例吗？让我们很遗憾的是，他们的家族会议也以这样极端激烈的方式收尾。儿子卢卡斯多年的期望一朝落空，所有的努力付之东流。他曾以为他的父亲对他抱有信心，可如今却感到他被自己的父亲出卖了。卢卡斯在发出上述那些呐喊之后愤而离去，古森一家的冲突局势自此升级。

在家庭生活中，容易引发冲突升级的那些谈话被我们称作艰难的谈话。具体的例子如家族重要资产的分配，人员的选任，或是有关遗产的讨论。就像我们在古森家族的案例中看到的那样，人们通常出于担心冲突升级后果而不想、不愿谈论或尽量推迟这些艰难的谈话。时间长了，当对话最终确实发生时，我们经常发现冲突各方的思考和感受往往比他们实际说出来的还要强烈。而这就是为什么当家庭内部爆发激烈冲突时，这种冲突往往是深刻的情感冲突。这类深刻的情感冲突不仅源于父辈与孩子们童年的记忆，还会源于他们在成长过程中各自或共同经受的挫败和创伤。这些记忆、挫败和创伤被积累、消磨、压制，又缺乏适当的机会宣泄或讨论，而误解却在这一过程之中反复加深。这种负循环带来的唯一后果就是一旦爆发冲突，冲突将不可避免地更进一步升级。

具有讽刺意味的是，我们当初不愿进行艰难谈话的动机恰恰是为了避免冲突，而这样做的最终结果却是冲突不仅不会被压制，还会在爆发的过程中逐步升级。

我们通过多年的观察和研究发现，家庭中最困难的对话，当然也是最容易引发冲突升级的对话，实质上发生在三个较深的层次上——"事实"对话、情感对话、身份对话。这三个层次一层比一层深入，一层比一层困难[1]。而且每一层都有与之相应的在此类对话中会犯的常见错误。进行富有成效的对话的关键是认识到这些更深层次的对话的存在，避免我们所提到的常见错误，并将困难的对话转变为学习型对话。下面让我们来逐一解释。

第一层可以被称作"事实"对话。这一层的对话关乎我们对现实的体验。冲突各方会被问到："究竟发生了什么？"这一层的对话通常涉及对已经、可能和应该发生的事情如何判断以及该归咎于谁。在实际的案例中，作为研究人员，我们一次次清楚地看到曾经生活在同一屋檐下的人们是如何以完全不同的方式体验和解释同一"事实"的。虽然冲突的双方貌似经历着同一事件，但哪怕是要求他们对曾经或正在发生的矛盾冲突进行尽量简要且客

---

[1] Stone D, Heen S, Patton B. Difficult conversations : how to discuss what matters most [M]. Penguin, 2010.

观的描述,他们的说法也能大相径庭。另外,他们所陈述的"事实"中还一定会糅杂着对家庭中每个参与人员的彼此迥异的看法。

让我们来具体解释可能出现的错误以及与之相应的进行有效对话的关键,即我们在下文中提到的三个"转变"。

【错误一】

人们在考虑发生的事情时犯的第一个错误是他们假设自己正在审视事实,并且认为自己对问题的看法绝对正确。冲突各方貌似经常能就部分事实达成部分共识。可遗憾的是,这些"共识"并不能经受住推敲。仔细追究之下,我们就会发现他们哪怕是对达成"共识"的部分"事实"的含义和重要意义的解释也不尽相同。

【转变一】

从真理到感知。实现这一个转变将帮助我们意识到,其实每个人都是在不知不觉中先从自己的背景和过去出发来审视世界的。我们不仅从自己的背景中挑选了大量的数据和个人经历作为审视这个世界的"佐证"和"参照物",而且在解释这些个人经历发生的过程时,我们还下意识地保存了很多基于当时的社会文化和时代认知所形成的"偏见"。这就是为什么冲突升级中的各方必须清楚地意识到,个人如何看待世界仅仅是具体到每一个人的一种独特的观察方式和视角,而认清矛盾冲突的第一步就是要认识到自己与其他人体验世界时可能形成的深刻差异。有鉴于此,冲突中任何一方的愿景都不会是"绝对的正确",更不可能成为我们头脑中所认为或口中所宣称的什么"真理"。与之相反，我们的理解与期望仅仅是矛盾冲突各方所持有的多种可能的愿景中的一种而已，即我们自己的私人感知。这种对自己观点的"确定性（绝对性）"的放弃以及对冲突各方可能持有的其他多种愿景与感知的承认——无论其他人与我们的愿景与感知有着怎样的对立——恰恰是我们为达成相互理解所迈出的第一步。

【错误二】

　　人们倾向于以为自己知道对方的意图。但是，我们对他人意图的"确信"往往是错误的，至少是不完整的。与错误一发生的原因相同，我们的假设基于我们自己的感知。如果我们的情感受到了伤害，那冲突中的对方的情感也必然应该受到伤害，除非他们就像我们想象的那样是个"烂人"或根本就铁石心肠。

【错误三】

　　错误三比错误二更进一步。我们也承认，或者我们能够预计到对方在冲突与冲突升级的过程中（或许）承受了一些伤害。但我们更加坚定地认为，一旦我们向对方清楚明白地解释了我们导致冲突的行为是出于善意——我们心中认为的从对方角度出发，为着对方好的良性的目的——那么冲突中的另一方就"自然而然地、没有理由"再感到受到伤害了。另外，"对人严，对己宽"也适用于冲突升级时我们对对方意图的揣测。哪怕是采取了相同的做法，人们也倾向于认为对方这个"烂人"无意之中做了件好事儿，而己方的意图则始终如一的无比的高尚美好。简而言之，对自己，我们重点看我们良好的出发点，哪怕我们与之相应的行为对对方造成了伤害。看别人，我们着重于对方的行为和对我们造成的伤害，而选择忽略对方的行为可能同样出于一个"良好"的出发点。

【转变二】

从意图到影响。为了避免上述两个错误，冲突各方都必须避免从负面影响力（冲突造成的伤害）到意图力的不合理跨越。要能够看到对方的言语或行为对我们造成了伤害和其他负面的影响，并不一定意味着对方出于恶的意图。我们要清楚明确地意识到，并要不断地提醒自己：在冲突中对我们造成影响的是对方的言行，而不是我们推测中的他的意图。即便我们清楚己方最初的意图，我们的行为对他人产生的影响通常也是我们处理冲突时一个非常重要的盲点。更何况，其实我们自身的意图有时对于我们自己来说也是一个盲点。

从心理学角度分析，典型的归因错误在这个环节起着重要的作用，即我们总是将最好的意图归于我们自己，而系统地将恶的意图加诸冲突的其他方。所以，请对冲突中对方意图的解释尽可能地保持开放的态度。一定要询问并再三确认对方的意图到底是什么，再把对方的意图与他的行为放在一起分析。同时，也请对你自己的意图的解释保持开放的态度。通过承认对方的感受，再三考虑自己抱有复杂动机（良性＋可能恶性）的可能性，来试着与冲突中的所有人一起发现：其实我们都没有那么高尚，也都没有那么卑鄙。

【错误四】

即是上文中我们提到的冲突升级时典型的表达方式——那些以"你（们）"或"他（们）"开头的，以感叹号结尾的，中间还充斥着诸如"从未""从来""从不"等激烈的字眼的责备。

【转变三】

从责备到贡献。冲突中，我们一般很快就会责备对方——这是他的错，而我是无辜的受害者。当各方专注于定向的指责时，冲突由此升级。法律制度也非常注重"责备"，寻找罪魁祸首，将错误和责任归咎于某人，以便我们可以适当地制裁他。这样的模型也非常关注"过去"。可是，我们谁都不是冲突中的"警察、法官和检察官"。如果我们只着眼于已经发生的事情，一门心思地怪罪他人，我们本来拥有的能力就被抑制了。而这些能力本可以用来了解导致问题的真正原因并帮助我们做出有意义的纠正和改善。我们认为，解决方案着重于讨论各方对改善目前的状况可能做出的贡献。讨论贡献基于理解双方的动机和愿景，强调的是共同承担责任并避免将来出现问题，让冲突的各方以共同的"未来"的角度，从贡献中摆脱过去的伤害和影响，并就彼此可以采取的预防措施达成共识。必要的时候，在教练和咨询师的帮助下尝试适度的"角度互换"不失为一种好办法。

让我们来简要地总结一下，在第一层中最重要的是要保持开放的心态并学习通过以上三个转变来对已经和正在发生的"事实"进行新一轮的"回顾"和"解释"。在下一节中，我们将进一步讨论冲突升级时的另外两个更深入也更难处理的层级。

> **第五项修炼进阶习题库**
>
> 　　第五项修炼进阶习题库通过提出问题并帮助大家寻找问题的答案，达到解决问题或改进现状的目的。我们建议你找出以下问题的答案。这将会对改进家庭内部的沟通产生积极影响。我们对以下问题的回答会在本书中揭示。
>
> 　　（1）你所从事的职业、取得的地位、婚姻幸福程度、与自尊心塑造相关的经历、你的人际关系等对你的冲突处理方式是否产生过影响？是怎样的影响？
>
> 　　（2）在过去的冲突处理中，你是否曾承认过自己（也）犯了错误？

五、当冲突升级后，我们还能谈些什么？

　　在上一节里我们介绍了在家庭内部冲突升级时，在第一层"事实"对话中，我们应对之中的错误行为和应该采取的措施。在这一节中，我们来谈谈下面两个更深入也更难处理的层级。

　　我们把第二个层级的对话称作情感对话，这是关于双方的情绪及其有效性的对话。在第二个层次上我们有机会体察和讨论更深层次的情感。这些情感的"暗流"在过往的沟通和讨论中通常以各种方式被阻止或打断，使其难以浮出水面。如果有机会回顾古森家族的案例，我们就会惊讶地发现父子之间的误解和矛盾竟埋藏得如此之深。由此，我们不难推断出双方即便在以往曾以各种方式试图厘清双方的意图，他们那可能"微不足道"的努力也很容易被家庭成员共同刻意营造的"一团和气"的氛围所掩盖。

而当这些情绪在冲突中真正爆发出来的时候，我们通过实践中的观察发现，那些冲突中的咆哮、愤怒和不平往往掩盖着一些更为深刻的感情，比如嫉妒、被拒绝和孤独。每一次家庭成员之间异常艰难的交谈都无一例外地会涉及情感。而我们如果总以为情感问题也是能谈判出进退的，也是可以根据既往经验来协商的，那么我们的看法会在很大程度上影响问题的解决。

无论是选择强硬、回避，还是退让，只要不是直接出手讨论和解决情感问题，最后的结局只能是进一步干扰当下和今后的所有对话。过去所有的痛都无法撤销，而了解彼此的悲痛可以帮助冲突的双方架起一座桥梁。

然而，很遗憾的是，即便我们如此了解解决冲突中的情感问题的重要性，冲突中有关情感的表达却从来都是很难进行的对话。个中原因既简单又复杂。简单的方面是我们仿佛只需要开口说（分享）和闭口听（聆听）。而复杂的方面却是这一说和一听之中涉及各种感觉。表达情感是有风险的。哪怕我们下决心忽略表达自我情感而带来的风险，决心敞开自我，表达情感对很多人来说也是非常困难的。而冲突中的情感表达一旦"失败"，随之而来的羞辱感会很容易地让我们退缩并放弃再做任何的尝试。这就是我们在实践中一次次地看到许多家庭成员以难以置信的粗暴方式拒绝哪怕是简单地谈论冲突中情感内容的原因。戴上一张张看似冷静的面具，双方的冲突看似得以解决，实则双方的关系却再难修复。

要承认我们很难知道一个人的感觉，正如我们有时甚至都不清楚自己的感情。我们习惯于用简单的情感标签掩盖我们心中错综复杂的心理感受。而这种做法在冲突中反映得更为明显。正如同我们在第一阶段曾犯的归因错误一样，我们不仅只是非常自信地将我们头脑中想象的对方的意图强加在冲突对方的身上，我们也常常将自己的感情转化为对另一个人的判断，并进行归因。**我们今日口中的责备出自以往我们心底从未被表达的情绪。**

由此可知，理解和重新评估由我们自身的情感所引发的思想、观念和信念，并使我们能够先与自己的感觉进行谈判，转移或调节它们，是我们走向成熟并表达自我情感的第一步。要承认我们在冲突之前、之中甚至之后都将继续保有某种情感，承认它们是目前冲突情境的重要组成部分，无论它们是否"理性"。冲突的双方都应尽量传达其感受的全部，哪怕是自己也并不那么确定的部分。同时，应避免匆忙地对我们与对方的情感表述做"论断"。要实现有效的共享，需要各方都尽可能地承认和尊重彼此的感受。

第三层的对话是身份对话。与前两层对话不同的是，身份对话是冲突中的每一方与自己进行的内部对话。一个人的身份更深层，更难以被其他人准确地探得。有些人将自己定位为有正当的职业，是个孝顺的孩子，身边是有奉献精神的配偶，于公于私都尽量坦诚以待。而诸如此类的精确身份一旦发生重大变化，例如父母去世或与配偶离异，就产生了有关"身份"的"核心冲突"。这引发了有关家庭意义、相互关系、每个人的生活状况以及我们如何看待自己的基本困惑。常见的情况有，当父亲或母亲去世后，由于突然失去了某一种习惯的自然而然的"身份"（比如为人子女），我们对自己的其他"身份"也产生了怀疑。这种恐惧和不确定的感觉常常会带我们飞回到记忆深处,寻找曾经让我们的"身份"感到安全的港湾。而这种回避并不能真正帮我们解决眼前的问题。

在这一层次的对话中,讨论以下这些问题很重要:

（1）我会失去或获得什么?

（2）这会对我的职业、婚姻和人际关系产生什么影响?

（3）这会对我的自尊心产生什么影响?

（4）这些"身份"上的缺失该如何修补?

这些问题决定了对话可能使你感到偏离中心和焦虑的程度。对话之所以困难,是因为它们威胁或挑战一个人对自己的身份的感知。艰难的谈话可能会质疑一个人的能力、人品,甚至是否值得被爱与恨。而要么是、要么就一定不是的两极思维方式会使人们更容易受到"身份危机"的影响,并且更容易使自己被他人有关自己"身份"的论断所左右。

管理内部身份的对话需要了解哪些问题对一个人的身份最重要,并学习如何以健康的方式适应一个人的身份。适应性思维来自对一个人的身份的复杂元素采取"和解姿态",并拒绝"要么有,要么没有""要么全都是,要么全都不是"的二元思维。

回到我们曾经讨论过的第一层"事实"对话。哪怕是在冲突中,我们也要竭力使自己保持开放的心态,并牢记无论是我们还是对方都是有存在"混合意图"和"复杂动机"的可能性的。哪怕不讨人喜欢,也不是一文不值。哪怕不善,也不一定恶。事实上,我们越容易接受自己的错误,越容易承认冲突中己方的混合意图和复杂动机,我们就越可能对冲突的解决做出贡献。在谈话中我们也会感到越有可能保持平衡,并且使问题顺利解决的机会越大。

具体而言，在异常艰难的冲突谈话中，保持自我意识平衡的小技巧包括：为对方的反应做准备，但不试图控制对方的反应；尝试想象冲突解决后自己的生活；或者只是简单地选择在谈话中休息片刻。表 2.1 可以帮助你在休息之余，对关键对话中的三个层次进行简单的回顾。

表 2.1 对话的三个层次

对抗型对话	"事实"对话	学习型对话
假设 1：我正在审视"事实"，完全了解发生了什么。我已经知道我所需要知道的一切。	有关我们对现实的体验，有关"发生了什么事？"的对话。	假设 1：我们每个人都为局势带来不同的信息和看法。我们每个人都可能做一些虽然目前未知，但很重要的改变。
目标 1：说服其他人我是对的。		转变 1：从真理到感知。探索彼此的故事，包括我们每个人如何理解情况以及原因。
假设 2：我知道他们（其他人）的意图，这意味着我知道他们为什么这么说和为什么这么做。	这一层的对话通常涉及对已经、可能和应该发生的事情如何判断以及该归咎于谁。	假设 2：我知道我的意图，也知道其他人的行为对我的影响。但我不知道或不确信我知道他们的想法和真实意图。
目标 2：让其他人知道他们做错了。	我们的挑战：真实的情况比任何一个人能看到的都更为复杂。	转变 2：从意图到影响。分享其他人的行为对我的影响，并找出他们的真实想法。讨论我的行为已经和将要对他们产生什么影响。
假设 3：一切都是他们的错。		假设 3：我们双方可能都有些问题。
目标 3：让他们承认责任、承担责任、改正错误。		转变 3：从责备到贡献。回顾我们之前的互动如何导致目前这个结果。

续表

对抗型对话		学习型对话
假设：要么感觉无关紧要，无法分享；要么就是只有我的感觉值得分享，且他们需要仔细聆听，这样才能让我感觉好些。 **目标**：要么完全避免谈论感受，要么让他们真正拥有感受。	**情感对话** **我们的挑战**：真实情况是我们每个人都充满感情，即便我们不说。	**假设**：情感是核心，通常很复杂。我可能也需要挖掘自己才能真正了解自己的感受。 **目标**：畅所欲言，不论是我自己还是他们的感受。无须做出判断或责备。解决问题之前要先确认自己的感受。
假设：我们每个人要么胜任要么不胜任，要么善要么恶，要么可爱要么面目可憎。凡此种种，皆在两者之中而不在两者之间。 **目标**：确保我的全部或部分"身份"的安全。	**身份对话** **我们的挑战**：我们经历的冲突影响。 （1）我们如何看待自己； （2）我们如何看待他人； （3）我们认为其他人如何看待我们。	**假设**：从心理上来说，我们每个人都很复杂。我们都不完美。我们可能在冲突中抱有"混合意图"和"复杂动机"。 **目标**：先自我了解再帮助对方了解我们每个人的身份——我们被视为一个整体。

资料来源：Stone D，Heen S，Patton B. Difficult conversations：how to discuss what matters most [M]. Penguin，2010.

第五项修炼进阶习题库

第五项修炼进阶习题库通过提出问题并帮助大家寻找问题的答案，达到解决问题或改进现状的目的。我们建议你找出以下问题的答案。这将会对改进家庭内部的沟通产生积极影响。我们对以下问题的回答会在本书中揭示。

（1）你认为家庭冲突的"预防"胜于"治疗"吗？

（2）从冲突这个角度来看，有效的家庭治理应着重关注哪些方面？

在下一节中，我们将讨论家庭治理与健康的家庭关系。我们将继续援引古森一家的案例。维克多与卢卡斯父子俩会再次聚在一起吗？他们的关系会彻底破裂吗？他们还有机会和解吗？如果你也像我们一样对古森一家冲突的结局感兴趣，请继续阅读。

六、家庭治理与健康的家庭关系

在上一节里我们介绍了在家庭内部冲突升级时，在三个比较深刻的层次发生的对话和这之中可能出现的错误沟通方式。在前文中，我们也曾试着揭示出现这种种矛盾与错误的深刻根源并探讨家庭成员内部不同的冲突管理能力与策略。从这一节开始，让我们来看看如何进行动态的家族管理以及维护健康的家庭关系。

1. 预防胜于治疗

任何果木的成长都需要经年的细心呵护。同理，一个原本健康的家庭系统也可能因为"疏于防范"，在若干年之后发展出破坏性模式并造成深远的影响。这就是为什么我们主张主动出击，采取积极的预防措施。作为一个家庭，需要通过不断的学习让家里的每一个成员都看到冲突的积极方面，并学习以开放、健康和透明的方式看待，学会建设性地处理冲突。

2. 不积跬步，无以至千里

日常的种种沟通与冲突管理实践正是我们的最佳学习机会。我们通过这些练习所掌握的技能可以用于处理敏感问题，例如资产的管理或家族企业的继承。而当家庭中的每个成员都在日常生活中对沟通和处理冲突的技巧与要点进行充分学习之后，这些要点就自然而然地被嵌入到全面、开放、透明和共情的沟通过程中。预防性家庭治理方法是实现家庭和谐的最佳保证。一个拥有开放的交流文化的家庭将更有能力一起建设性地解决棘手的问题。

我们已经讨论了反思和反馈对于家庭和个人学习的重要性。对于许多家庭而言，在此学习过程中的特定时间节点提供指导也具有附加价值。新时代需要新的交流和互动形式，如果家庭外部有一位能帮助寻找问题答案的"关键朋友"，也会有助于家庭成员更深刻地认识、理解并反思问题的产生和发展。

这种反思的目的在于激发家庭内部的交流，同时关注每个家庭成员的潜在利益、愿望和感受，以及让每个人都能顺利且有信心地参与到家庭内部的沟通与决策中。此外，家庭要学会以建设性的方式来建立晚辈的自信与长辈的共情。这通常需要父母和孩子彼此向对方学习，以清晰和相互尊重的方式制定自己与家庭的共同愿景，同时以积极开放的心态倾听对方的意见。通过这种方式进行交流，会使不同辈分的家庭成员之间的尊重和信任增强，这对于准备和实施向下一代的过渡是必不可少的。

3. 复杂问题，变量无数

研究家庭动态是一个长期的过程，需要时间、精力和金钱。而这些投入的回报却往往不像商业行为那样具有一定的确定性。

家庭动态的复杂性在于这中间有无数的变量需要我们时时对待、细心考量。有些情况比结构上或情感上的其他情况要困难得多，因为可能有很多孩子或几代人。例如，我们通常会认为在一个家庭成员相处时间更多、感情深厚、彼此依赖的环境中的代际过渡会更容易一些，但我们观察到的很多实际案例却是，由于家庭成员生活在一个屋檐下，彼此间的互动多，依赖性高，也随之提升了对彼此行为的敏感性。如果我们代际过渡或传承的目标最终要通过一个能更容易地达成的、双方都感觉良好的协议来实现，那么对彼此行为的敏感性或者之前深埋的一些误解就可能会在达成协议的过程中造成很多的情感困扰。这种情感困扰尤其常见于子女众多家庭的财产分配与继承中。反而是在较少相互依赖、低敏感度、低感情牵绊的家庭的情形下，一些协议的达成没那么费劲。当然，每个家庭的复杂程度各不相同，这取决于家族历史、禁忌、成员个性、能力与需求等因素，更不要说还要考察这些因素之间的相互影响关系。

4. 耐心、善意与关注有度

经历涉及家庭功能的动态过程时，家庭成员们需要展示出他们的耐心和善意。许多父母在自己的幼年时期经历了痛苦的冲突和感情的匮乏。这种经历也许曾激励他们在自己的小家庭中进行更多投入、对自己的孩子有更多关注。和谐对于家族而言是一件大事，我们当然希望我们的子孙后代能够以良好的方式做出艰难的决定。

但与此同时，请保持关注有度。"我们希望防止我们的孩子遇到任何困难"——这种期望既不现实也不理智。

对于大多数家庭而言，家庭动态的自然变化时期是从孩子长大并开始做出自己的选择（如学业、职业、伴侣）开始的。新时代到来，新成员加入，家庭动力发生了变化。请记得继续以充满爱心和尊重的方式对待彼此。

5. 一起在路上

在此阶段前后，开启阶段性的家庭学习过程通常很有用。这可以给父母特别是变化中的子女在今后的沟通、交流和对话中获得新位置和新权力的机会。父辈多听，少讲。孩子们可以逐渐扮演一个新的、更具领导力的角色。父辈无论多么强大，也无力阻挡时间的进程。未来以及与之有关的进步终究是属于孩子一辈的。阶段性的家庭学习的目的是使家庭逐步地、越来越自主地设法在所有家庭成员都成年后还能继续保持彼此"看见"和倾听。如果存在可讨论的冲突，那么大家可以以公开和积极的方式来处理它们。如前所述，新时代需要新的交流和互动形式。

如果家庭成员认为彼此的沟通过程需要进一步提升和促进，并希望能够更加积极地处理冲突并增强家庭凝聚力，他们可以选择一位能在家庭外部帮助寻找问题答案的"关键朋友"来主持一段时间的家庭会议。这位"关键朋友"（或协调人）在会议中应当时刻注意谈话的走向和力量的平衡分配，从而使家庭成员都能清楚、准确地解释自己的愿景和兴趣所在，并且给大家机会认识自己、承认对方。

任何促进和指导这种家庭成长过程的"关键朋友"（或协调人）都应该正确、合理地使用沟通技能和技巧，以高度的职业责任感和道德主持并监督家庭会议。在纠纷爆发之前的调解被证明是可行的。在冲突的早期阶段，在家庭会议中充分讨论挫败感和其他负面情感被认为可以有效地防止冲突升级。通过自下而上的方法进行讨论可以使每个家庭成员都确认自己的身份和角色受到了尊重。我们的研究发现，在家庭动力发展的特殊阶段，有家庭外部"关键朋友"（或协调人）参与的家庭会议有助于家庭成员们更深刻地认识、理解并反思自身问题的产生和家庭动力的发展轨迹。

但无论怎样，"关键朋友"（或协调人）的参与和监督都应是适度的。家庭成员必须自己开始这一过程。辅导员不应透露家庭成员的想法、动机或试图说服各方接受"最适合"的解决方案。不，这一过程应该基于家庭的智慧，而这一集体智慧来自参与家庭会议的所有家庭成员的积极心态和共同努力。

古森一家人在路上

老父亲维克多·古森的座右铭是："空谈不如行动。"这种实干的态度极大地促进了他公司的成功。在他的妻子萨宾娜的身上也能看到他的影子。维克多有一定的远见和果断的决定能力，但与女儿奥赫利和儿子卢卡斯的交流能力较弱。孩子们都有自己的梦想和能力。

在家庭冲突爆发和升级之后，萨宾娜鼓励维克多向可信赖的顾问寻求帮助。他们的问题包括：我们该如何谈论我们家庭的未来？我们应该在什么时候、以何种方式谈论公司的转移和未来？如果其中一个孩子想跟我们一起经营公司，我们该以什么样的方式培训他/她？

最终，全部的家庭成员聚在一起，在"关键朋友"（在此案例中是可信赖的顾问）的主导下，用了一个下午的时间专门分享（共享）他们所关心的问题以及所涉及的自身感受。大家一致决定这成为以后每一次家庭会议的必要流程。"对话"自此开始渐渐变得自然。母亲萨宾娜成了家庭委员会的自然领导人。维克多分享了他对家人继承他事业的担忧。当卢卡斯确认父亲只是对自己的领导能力缺乏信心，而不是对他的能力全盘否定时，虽然他确实感到了沮丧，但没有原先那么愤怒了。当然，这些小摩擦和小沮丧都不足为奇。维克多和萨宾娜将与孩子们并肩走下去。这将是很长一段路，而他们已经打定主意要边走边谈。

我们对冲突和冲突管理的讨论就暂时告一段落。在下文中，我们将会从另一个方向展开讨论，来谈谈在家族中该如何谈论秘密和一些难以启齿的话题。如果你有类似的困扰，不妨继续阅读后面的内容。

第五项修炼进阶习题库

第五项修炼进阶习题库通过提出问题并帮助大家寻找问题的答案，达到解决问题或改进现状的目的。我们建议你找出以下问题的答案。这将会对改进家庭内部的沟通产生积极影响。我们对以下问题的回答会在本书中揭示。

您在家族史上有过严重的冲突吗？这些话题或是"隐秘的历史"是否能在家庭内部讨论？

第三章

谈谈过去

一、那些历史中的隐秘

在上一章里我们曾谈到，就如同果木的成长需要经年的细心呵护一样，健康的家庭也需要日复一日的精心维护。从这一章开始，我们来讨论就家族的过去、现在和未来展开日常交流的方式和方法。这些讨论有助于进行有效的家族动态管理以及维护健康的家庭关系。让我们先来看看如何谈论那些已经成为过去的家族历史和个人历史。

"You can check out any time you like,

but you can never leave!"

Eagles, Hotel California

"你随时可以退房，但你永远不能离开！"

老鹰乐队，加州旅馆

你不能选择你的家人。家庭是支持的源泉。在很多情况下，如果你的家庭关系是和睦的，那你天生就会喜欢你的家人。许多人也会为成为家庭的一员而感到自豪，并认同家庭。即使是那些为自己的家族感到羞耻或不想与它有任何关系的人，他们的基因和教育也都带着这个家族的烙印。老鹰乐队的著名歌曲《加州旅馆》中的这句话当然适用于家庭："你随时可以退房，但你永远不能离开！"虽然你可以断绝一切联系，但你不能摆脱你的家人。你可以抽身而去，但却无法忘怀。

我们人类是社会动物。这意味着不能将我们的身份与我们所属的群体分开看待。我们把这点称为我们的社会身份。在典型的移民国家,如美国、加拿大和澳大利亚,见到陌生人会问的一个经典问题是:"你来自哪里?"在中国,我们也会问出这样的问题,只不过答案由不同的国家名换成了不同的省份名称罢了。你和家人来自哪里?你的家族在这里已经住了几代?你家族的历史(通常来自几代人经历的累积)有助于确定你是谁。你的家人是你"社会身份"的重要组成部分。

我们属于不同的群体。我们都有着多重"社会身份"。我们的家族、来自的城市村镇、青少年时期曾经参加的俱乐部以及我们的孩子现在将要参加的那些活动,都能够对我们的"社会身份"进行定位。对于社会中的绝大多数人来说,家族是一个非常明确的群体,这在他们自己的社会身份上留下了印记。即使在21世纪的西欧等非常具有"个人主义"倾向的社会中,家族对于人们的社会身份以及对相关的社会身份的认同仍然很重要。

而当我们有机会作为新成员加入一个家族时,我们会问自己:我了解这样一个家族吗?这是一个什么样的群体?我想与此建立联系并被接受吗?我将如何建立对这个家族的归属感?

每个家庭都有自己的秘密。我们在很多经历过"二战"的欧洲家族身上看到了这一点。"二战"期间究竟发生了什么?家族资本和事业是如何累积并发扬光大的?秘密和禁忌构成了隐藏的历史,而某一些家庭成员可能非常了解那些特定阶段的家族历史。当这些家族成员去世的时候,秘密有时候会随着他们被带入坟墓。而在另外一些情况下,秘密会通过各种迂回的渠道,如通过科学研究、通过已故亲属的信件往来或者通过这些家族成员的个人日记被曝光。

隐藏的历史常常触及禁忌。禁忌是在家庭的特定背景下被视为不适当的主题或行为。违反禁忌通常会导致家族名誉受损。

这些禁忌可以涵盖各种各样的事情：战争或社会动荡时期与某些上不了台面的人或组织的合作、过去的犯罪活动、暴力、婚外情以及私生子。禁忌也可以与冲突、家庭成员的自杀或严重疾病有关。另外，抑郁症、焦虑症或精神障碍等精神疾病，以及阿尔茨海默病等与年龄相关的疾病在许多家庭中也都是微妙的主题。在有些情况下，这些疾病甚至会让家族成员感到根本无法进行讨论。家庭中的遗传性疾病也可能是非常敏感的主题。当这些主题导致家庭中许多隐藏的痛苦时，谈论这个就变得异常困难。

1. 与你的子女谈论你自己

隐藏的历史可能意味着被压抑的历史。这种情况发生在戏剧性事件中，被写进小说、电影、电视剧。但这一切艺术创作都基于发生在日常生活中人们真正经历的成长过程中的痛苦。根据相关统计，许多孩子，尤其是在非常成功的家族企业中长大的那些，与他们的父母，尤其是他们的父亲有着复杂的关系。这些父亲中有大约80%是家庭事业的创建者或企业的管理者。这些父亲的典型特征通常是强大、有统治力、热爱工作并勤于工作。而他们对孩子的关注往往比他们原本希望的或自己认为的要少得多。这样的父亲更倾向于对子女展现出很强的引导意愿并发挥这样的作用，尤其当父母们并不接受孩子的某些特征时，这种倾向就会表达得更为清晰和明显。如果孩子想延后讨论这些有违父母意愿的事情时，或者当孩子们表达他们的失望、痛苦、悲伤时，这一类的强势父母往往会感到无法接受。如果孩子进一步地表达愤怒或者对父母的所作所为展开批评时，父母更可能会觉得这是对家人缺乏尊重，并且很让他们丢脸。孩子对他们进行批评的行为更会让他们觉得毫无道理："我的孩子们忘恩负义！我明明给了他们一切，但他们不仅不知恩图报，还压根儿不承认我是一个慈爱的、关心他们的大家长。"

父母和孩子在每一次成长过程中都会遭受痛苦，但这些痛苦往往被压抑着，并被一个个"成功"的家族传奇所掩盖。当这种幻觉产生时，表达痛苦、失望或失败就变得非常困难。但是请记住——分享这些有助于治愈和成长。避免谈论阴暗面会增加距离和隔阂，会在亲子关系上制造一道道溃烂的伤口。

孩子成年后，父母也要与他们维持亲子关系。这意味着父母的接纳、认可和爱对孩子来说仍然非常重要，哪怕孩子已经 50 岁并有了自己的孩子。这就是为什么父母不要将有关过去的谈话视为毫无道理的批评，而要将其视为更好地了解孩子并加深关系的机会。

隐藏的历史也可以是关于父母过去的痛苦和悲伤。与你的成年子女或孙子女谈论这件事可以得到治愈。

2. 与你的父母谈论你自己

谈论过去有时不仅对父母来说是困难的，孩子们在这类沟通中也可能遇到很高的门槛。这可能有以下几个原因：害怕误解和拒绝，有羞耻感或对父母的愧疚感。我们来用一个案例说明这种情况。

艾女士有一些不敢告诉父母的秘密。她之所以不说，不仅是因为这些秘密曾经伤害了她自己，更是因为她害怕如果说出这段不堪的历史，她的父母会受到伤害。直到她年纪过了30岁，离开父母并移居到国外很久了，事业有成的她才最终决定把自己曾经的遭遇告诉父母。

"我为我的父母感到骄傲。他们是我认识的最善良的人。他们是那么好，好到让我觉得我自己并没有那么出色，配不上成为他们的孩子，也配不上他们给我的深厚的爱。于是，在我的成长过程中，我一直很懂事。我时不时地会觉得我需要从父母的角度考虑问题，为他们分忧，甚至挺身而出来保护他们。如果我买冰淇淋，我会很懂事地直接选择最便宜的那种口味的冰淇淋。如果我很不走运，把冰淇淋掉在了地上，我就开始担心我妈妈会一不小心踩上去滑倒。如果我的父母不通过打电话或发短信的方式明确地告诉我他们已经安全到达了某个地方，我就会焦虑不安。其实打他们开始旅行的那一刻起，我就开始担心了。我对他们会发生什么事的恐惧和不安是如此强烈，以至于我后来经常用来安慰自己的说法是，如果他们哪一天真的因为意外而去世了，我反倒再也不必担惊受怕、杞人忧天了。

"当我十四岁被允许独自去音乐学院学习时，我仍然完全处于那种强烈地要保护父母与期望保护的心理状态。然后可怕的事情发生了：和我一起住在出租屋里的那个人欺负我、虐待我。我不愿意让父母发现我的真实情况并感到痛苦。我虽然百般忍耐，但仍然在几个月之后被迫流落街头。我不敢和任何人提起这件事，尤其不能告诉我的父母。我确信如果我爸爸知道了实情，他一定会心脏病发作，而我那脆弱的妈妈也一定会痛哭流涕，最终卧床不起。我是该保护他们的那个人啊！我怎么能让他们为我担心焦虑？于是，我与家里继续着我那报喜不报忧的交流方式。在接下来的几个月里，我真的处于无家可归的状态。我或者在音乐学院过夜，或者在餐馆、酒吧里通宵弹琴赚钱，或者与城里其他无家可归的人抱团，找到个'领地'度过余下的每一个无处可去的夜晚。周末我还能收拾好自己回家去看望我的父母，当然我没有告诉他们我的真实情况。四个月后，我终于有足够的钱找到另一个住宿的地方。我如释重负，终于再也不需要对其他人，尤其是我的父母撒谎了。这些年，我时不时地会想到那段无家可归的艰苦时期。但我只是在最近才有勇气告诉我的父母——我被跟我合租的那个人虐待了。我决定不再把这段痛苦的回忆只留给自己了。就好像——通过把塑造我的故事留给自己——我逐渐与这个阶段的我彻底告别了。在听完我的叙述之后，我的父母表现得很震惊，但我认为我的人生经历和我之后的个人选择对他们来说也变得更加清楚和合理了。

"但是我仍然感觉得到，接受我的这段经历对我的父母来说很困难。过了这么久，他们仍然感到无能为力。他们不停地问我：为什么你当时瞒着我们？不让我们知道真是一个好选择吗？难道我们没有给你一个充满爱的、温暖的、可以让你放心大胆说出一切的家吗？于是我开始解释，于是我们彼此说得更多。而最棒的是，现在我们可以互相谈论我们自己并不那么得意的或者对方让我们不太喜欢的事情。我已经成熟到能够与曾经的自己保持距离，并在事后诚实地对待自己，承认自己犯了错误。或许这一切都可以归结为：我不再害怕就这样失去父母给我的爱。"

> **第五项修炼进阶工具箱**
>
> **让我们一起来反思——谈谈过去**
>
> （1）你和谁谈论你的个人记忆和以前的经历？你想和谁（更多）谈谈这个？
>
> （2）您还想了解和谈论什么？是什么阻碍了你做这件事？
>
> （3）你对你家人的过去了解多少？您想进一步了解什么？
>
> （4）你对家族成员隐瞒了什么事件或经历？你这样做的原因是什么？你想寻求改变吗？
>
> （5）家族中的谁可以促成更多对话？

第五项修炼进阶习题库

第五项修炼进阶习题库通过提出问题并帮助大家寻找问题的答案，达到解决问题或改进现状的目的。我们建议你找出以下问题的答案。这将会对改进家庭内部的沟通产生积极影响。我们对以下问题的回答会在本书中揭示。

（1）家族成员在何时、以何种方式谈论家庭的过去？

（2）家族里的每个人都了解家族史吗？

（3）家族中是否有连接过去和现在的传统和仪式？

（4）家族中是否曾有"黑历史"或出现过害群之马？

二、家族史

在上一节里我们提到每个家庭都有自己的历史。当隐藏的历史涉及一些秘密或曾经的不光彩的行为时，它就可能成为家族成员间沟通的"禁忌"话题。我们在上一节里就如何谈论这些禁忌话题做了讨论。那么在这一节里，就让我们来聊聊如何讨论那些家族历史中的"闪耀时刻"和那些我们想铭记的已经成为过去的家族传统和家族与个人历史。

"如果你不能摆脱家族骨骼，你还不如让它跳舞。"——乔治·萧伯纳

到底哪些可以被认为是家族传统和历史呢？让我们来看下面这个例子。

1. 家族的传统是什么？

家族传统提供了跨世代的连续性。它的表现形式可以是家族仪式。而家族仪式是将家族价值观、历史和文化传承到下一代的一种方式。

施密特家族在每年的7月8日，也就是赫尔曼祖父的生辰纪念日会聚在一起。他于15年前去世，但这一传统依然存在。现年91岁的卡特琳老祖母仍然是人们关注的焦点。她生了四个孩子。孩子们又给她生了十几个孙子孙女。孙辈们在这几年又给她加上了九个曾孙。每一年，大家族里的每个人都会努力在7月8日聚在一起。这个一年一度的大聚会通常是在家族庄园里举行的。近些年来，为了不让年迈的卡特琳老祖母因为任何事情而感到紧张，她的大女儿接管了与聚会相关的一切事务。每一次，她都尽力地忙碌着。她要确保卡特琳老祖母不为任何事情烦恼，也没有人会在这天让老祖母不开心或是有任何的压力。因为7月8日这一天

不仅是全家的节日，更是卡特琳老祖母的节日。

大多数家庭成员都喜欢这个年度聚会的安排。他们尤其喜欢回到家族庄园这个地方，因为家族的历史大多都写在这里。祖父赫尔曼的父母在"二战"期间获得了这块土地。赫尔曼祖父和卡特琳祖母在大概60多年前在这里建造了他们的第一个家。这个当时的"小家"后来被他们夫妇俩扩建成现在的庄园。因为这庄园是为孩子们建造的，所以这个地方有树丛、有小木屋、有沟渠。如今的许多大人都曾在他们还是孩子的时候掉入或被推入沟渠的水中。小木屋里还有孩子们在此躲开大人、消磨时光的痕迹。大多数曾经的宠物在死后都被埋在了林边的灌木丛下。在年度聚会的当天，部分家庭成员还将前往附近的家庭小教堂拜谒赫尔曼祖父和其他先人们的墓地。简而言之，家庭庄园这个地方记录着一段段曾经鲜活的过往。

2. 家族的历史是什么？

每个家族都有一段或长或短的历史。其中的部分或多或少是众所周知的。

对于我们中的大多数人而言，家族的身份和背景首先会与我们的家族姓氏有关，就正如我们会在电视上看到那些跟着明星重回故乡，就自己的姓氏寻根溯源的故事。人们跟随着那些姓氏回到过去看看谁是自己的祖先，姓氏的历史是否可以追溯到很久以前，自己的祖先来自哪里。

对于我们的社会身份而言，了解我们家庭的背景和我们家族的历史都很重要。我们的家族在我们的家乡或国家曾有着重要的地位吗？我们的家族历史中有没有记载着什么英雄事迹？历史中我们的家族越强大，我们的身份感就越强。

3. 我们到底有几段家族史？

婚姻，从传统上讲不仅是两个人，更是两个家族的结合。虽然在一些国家的文化传统中，妻子将在婚后成为丈夫家族中的一员，然后通过男性的家族线继续她与他的家族史。但在其他的很多国家中，丈夫与妻子这两个家族的联系非常重要。不仅是丈夫的家族史得到传承，妻子的家族史也会经常被谈及。孙辈们与祖父母和外祖父母都有紧密的联系。双方的家族仪式都被尊重。这也意味着这样的家庭会拥有不止一段家族史。

对于不同的家族，家族史和家族传统会有一定的差异。而在这些家族中，大多数的"下一代"家族成员都会对父母双方的家族下意识地做着这样或那样的比较。一方的家族有这样那样的好，而另一方的家族有什么地方有点儿奇怪。他们通常也对其中一个家族有着或多或少的偏好和更强的认同感。有的孩子会说："我们很少接触父亲这边的家族，而更多地接触母亲这边的家族。"或者会说："她们家的关系虽然合乎礼仪但很疏离。而他们家里却气氛融洽，通常很热闹。"

被重新"整合"过的那些家庭的家族史会复杂些。例如，孩子们可能有六位祖父祖母，这些长辈既来自他们亲生的父亲和母亲，也来自他们父母的新伴侣。在有些家庭里，谈起往事时往往会从父母分离的那个阶段开始。而在另一些家庭中，这段历史却常常被认为是一段隐晦的过往，从而被束之高阁。另外，还有些在非婚姻关系中诞生的孩子，他们不被自己的父母承认，更不被家族承认。对于这样的孩子来说，家族历史和传统会是一个敏感的问题。

4. 该如何讲述家族史？

"家中没有傻子、流氓或乞丐的人，是在一道闪电中诞生的。"——古英语谚语

有些家庭几乎没有历史意识，或至少对家族的过去没有进行过任何有深度的挖掘。即使有些可歌可泣的故事，这些故事至多只流传一两代人就停止了。

相较之下，另一些家族则珍视代代相传的家族传统。他们认为培育家族历史感、根基感和家族价值观对家族的成长和持续发展至关重要。而其中最重要的就是**家族价值观的代代相传**。这些家族通常有着讲述家族历史和故事的传统。而往往这些故事会被写下来，在家族的几代人中相继传颂。例如：我们是如何来到这里的？我们是谁？是什么驱使着我们这个家族不断进取？记录这些故事或轶事的标准往往是该故事是否准确表达了家族想要传递的价值观。在这些附加了家族价值观的故事段落中，这些注重传承的家族往往会加入年轻一代的家族成员在新的历史时期的全新注解与诠释。这些"与时俱进"的故事往往包含但并不限于以下家族价值观：努力工作、坚持不懈、从失败中学习、锐意进取、兼容并蓄、重视创新等。

我们看到在许多家庭中，价值观和家族的经营活动是共享和传承的。虽然科学研究发现没有迹象表明存在着这样或者那样的"创业基因"[1]，但是家庭文化在价值观的传递和职业选择中被认为起着重要的作用。除此之外，绩效导向文化和一部分的领导力确

---

[1] J. DIJKHUIZEN.Het Ondernemersgen. Business Contact, 2011.

实可以在同一家族的不同代际之间传承。

你的家人如何谈论你的家人和你伴侣的家人？与哪个家庭的关系最牢固？哪些家庭故事对家庭至关重要？谁是英雄，谁是家庭中的害群之马？每个家庭成员都有个人历史。在家庭传奇中，有一些特殊的故事要讲述，既有历史的，也有现在的。有超凡出众的领头人，也有自作聪明的败家子。有创新的企业家，也有以悲剧结尾的商业计划。有迷人的美女，也有被人忽视的壁花。不要低估此类家庭故事的教育作用，更不要低估家庭秘密和禁忌的影响。

💡 第五项修炼进阶工具箱

下面的小题库可能会帮助你和你的家庭成员对家族历史做一个回顾。请从积极和消极两方面来看。请务必让谈论的内容丰富且着重于细节。

让我们来谈谈家族历史

A. 你和你的伴侣的家族历史该如何被谈论？

（1）在家族的历史中，谁被描绘成"英雄"？又是因为哪些"英雄事迹"？

（2）谁被描述为"失败者"？为什么？

（3）谁是"悲剧"人物？他/她怎么了？

（4）谁是叛逆者？谁破坏了家庭或家庭价值观？

（5）谁是下三滥、冒险者或流浪汉？

（6）谁是奸夫、荡妇、妓女？

（7）谁是智者？

（8）谁在困难时期带领家人克服困难、重新团聚？

（9）谁是战争时期的英雄或恶棍？

B. 家族传统对你来说意味着什么？

（1）我觉得与我家的前几代人有联系。

（2）我们家族有着深厚的传统。

（3）我致力于保持和传承家族传统。

（4）我们谈到了我们家族的家族史。

（5）我很自豪能成为这个家族的一员。

（6）我们家族的历史可以追溯到很久以前。

（7）我们祖先的英雄故事众所周知。

（8）有过根据我们家族的历史改编的伟大剧作或艺术作品。

第五项修炼进阶习题库

第五项修炼进阶习题库通过提出问题并帮助大家寻找问题的答案，达到解决问题或改进现状的目的。我们建议你找出以下问题的答案。这将会对改进家庭内部的沟通产生积极影响。我们对以下问题的回答会在本书中揭示。

（1）家族史对你来说有多重要？

（2）你如何让你的家族史可见？

三、家族史的展示和分享

在上一节里我们提到每个家庭都有自己的一些传统和历史。在这一节里，就让我们来谈谈如何让家族历史中的那些"闪耀时刻"

被后人看见。

你如何让你的家族历史可见？你是否有家人是以你的祖辈的名字命名的？是否有一些其他的名字或特别的象征符号在你的家族中流传已久？你是否有一个在家族内代代相传的带有家族标记的图章、珠宝，或者是书籍、字画，又或者是某件家具？你是否有一个带有家庭照片或肖像画的图册？是否有家谱、家族墓地和其他与过去有关的痕迹？很多时候，这些物品都承载着一段段有趣的历史。我们从中可以看到流逝的情感、流传的故事和家族长辈希望在家族内部传承的价值观。有时候，一座建筑物以及它周围的环境或者关联建筑也会告诉我们什么对曾经生活在那里的我们的祖辈来说是至关重要的事情。

我们需要明白的是，为传承和分享家族史腾出必要的时间和空间很重要。通过在家庭中分享这些物品的故事，我们进一步塑造了家庭传奇，并通过对过去的和可见的家族历史的溯源建立了家庭成员之间的联系，哪怕家族史对于家族中的一些成员很重要，而另一些人并不那么珍惜它。

那么具体到你个人，家族史对你来说有多么重要？你对它有哪些程度的了解？你又分享了些什么？家族传统对你来说意味着什么？

要了解一个家庭，了解其文化很重要。这种文化多年来一直在发展。在文化方面的全球著名学者 Geert Hofstede 看来，文化，包括家庭文化，可以被看作是一颗洋葱。而家庭文化这颗洋葱由内到外分别是家族传承的价值观、仪式、英雄和其他的我们在前文中列举的一些符号象征（见图3.1）。让我们来具体了解一下这颗洋葱的主要构成。

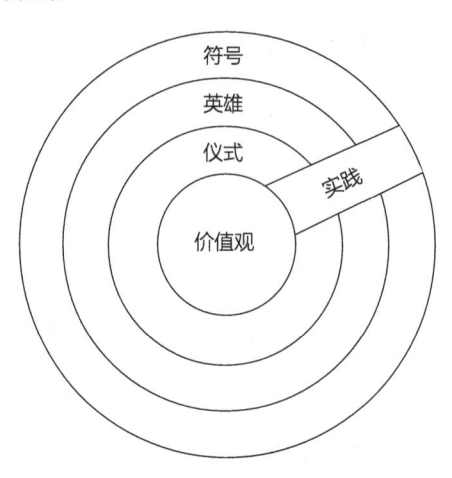

图 3.1 家族文化的洋葱模型

（1）家族传承的价值观。家族价值观是核心，例如进取、诚实、参与及回报社会。这些价值观是随着家族的发展而形成的，并且经常被阅读和讲述。我们不能武断地认为这些价值观完全符合当今社会的发展，但它们在家族内部是根深蒂固的，且难以在短期内发生改变。你的家族的核心价值观是什么？

（2）仪式。有些家族会举办一年一度的家庭聚会，比如除夕晚宴、新年招待会以及其他各种庆祝派对。家族内也许会有一些特殊的菜肴烹制方式或是适应特殊场合的礼物。你的家族中有什么特别的仪式，又是从什么时候开始出现的？

（3）英雄。英雄是每个人都尊重的家庭成员，他们是让家族名留青史的人物，或是挽狂澜于既倒的人物。总之，人们喜欢讲述他们的故事。

（4）家庭的符号象征。包括家族徽章、首饰珠宝、图册、书画、家具、建筑，以及可识别的服装和公司标志。

（5）实践。这涉及家族中所有的特定或日常礼仪。每个家庭都有自己的模式。对于外人或新来者来说，这可能令人惊讶，有时让人感到复杂，甚至令人抗拒、生畏。

在了解了家族核心价值观、家族史、家族传统之后，让我们来看看家族中是否有一个合适的场合来学习和展示家族历史。我们先来总结一下家族史可以以什么样的形式保留和展示，再来讨论合适的场合。

如何保留和展示你的家族史？

家族史可以通过不同的方式呈现，无论是否是在承载（核心）家族历史的地方。

对象

讲述承载家族历史的物品背后的故事，例如家具、艺术品、珠宝、树木、工厂……

影像

分享近期和过去历史中的绘画、照片和视频。

回溯之旅

与家人，比如与你的（孙）子女之一一起前往历史上对你很重要的地方。

故事

讲述你自己的故事并邀请家庭成员(例如祖父母)讲述家族历史。

家族史或传记

写一份家族史或传记【关于你自己、你的（祖）父母或先辈】。

这样的传记甚至可以内部发行（限量版）。借助采访和档案材料可以更为详细地讲述家族历史。

关于家族企业历史的书籍或视频

记录家族企业历史上的重大事件或重要时刻，以便家族成员的后辈在未来访问历史。

一所大学的博物馆、画廊、主题遗产或礼堂

与姓氏相关的慈善事业和公共工程从形式上提供了一种极好的向公众展示家族历史的方式，可以让非家族成员也有机会了解家族的价值观和历史。这也为家族成员的身份增添了额外的荣耀和色彩。

当谈到如何以一个合适的场合来展示家族史时，其实答案是多种多样的。在这里，我们从"庆祝"开始展开我们的讨论，因为这一场合是展示和传承家族史的一个非常好的选择。

许多家庭的一个重要价值是分享快乐和悲伤。毕竟，共同的快乐是双倍的快乐，共同的悲伤是一半的悲伤。每个家庭都有自己的文化，在纪念和庆祝方面也是如此。家庭文化也植根于社会文化中，尤其是在"成年礼"方面。围绕重要生活事件举行的仪式和庆祝活动，如出生、结成夫妻（婚姻）或死亡（葬礼），都是家人团聚、确认和加强联系的时刻。重要的是要认识到社会文化在影响这些仪式的形成方式上有很大差异。

每个家族都有自己的庆祝方式。有的家族一年只见两次面，例如在祖母的生日和（已故的）祖父的周年纪念日。表亲们也会在那个场合见面，而且还在通常的家庭庆祝活动中见面，比如婚礼。

更紧密的家庭活动主要在下一代的圈子里开展，他们会更不在意那些传统形式，而以更加个性化的方式来庆祝这些特殊时刻。

让我们来看一个有关庆祝的小案例。

杜里厄（Durieux）家族派对

杜里厄家族由三个兄弟和三个姐妹组成。三个兄弟和所有姐妹都有伴侣、孩子和孙子孙女。老父亲杜里厄去世后，家族商定家人将在老父亲杜里厄生日时聚会两天，因为有的家人居住在国外。母亲去世后，这一传统也得以保留。兄弟姊妹们一直在相互协商中组织这件事。这是一个传统的聚会，以膳食为中心，包括大量饮酒和集体参观家族坟墓。但这种庆祝方式遭到了下一代人越来越多的不满。沉闷、烦人、不健康的食物是长辈们最常听到的抱怨。有的小辈干脆建议取消这样的家庭聚会。而这个提议在长辈那里遭到了强烈的反对。小辈中的一对表兄弟决心改变这种困境。他们开发了一个应用程序，用这个应用程序专门为小辈们制订了很多庆祝中可以采用的替代计划，并为一些大家都能参与的运动、比赛、远足等预留出更多的空间。与此同时，长辈们则可以围坐在桌旁，喝一杯好酒，聊他们的闲篇。这个应用程序的开发给杜里厄家族一年一度的家族派对注入了新的活力。

从这个案例中我们了解到，随着文化变得更加个性化，庆祝活动通常在几个方面变得不同。

一方面，圈子越来越小，邀请血缘或关系更疏远的家人来参加庆祝活动的情况越来越少。另一方面，家人也并不会觉得有义务参与每一项家族活动。因此，确保家族内部，甚至是第三代、第四代或第五代有足够的联系，例如通过参与家族企业、联合慈善事业或其他社会项目来进行联系，已经越来越成为很多大家族的挑战。

我们也观察到，庆祝和仪式的形式也发生了变化。在更个人主义的文化中，我们通常看到庆祝和仪式更大的多样性。但是婚礼的庆祝似乎是一个例外。

世界各地的婚礼有多种形式，从为时几天、到场数千名客人的大型派对到小型定制派对。对于富裕家庭来说，婚姻是一种建立家族"帝国"、彰显家族地位和网络的方式。今天，富裕家庭子女的婚姻也经常被父母用来展示财富并加强社会和商业联系。新婚夫妇的个人利益可能只是有关庆祝活动的决定中的一个——并不总是最有决定性的部分。

婚礼通常由父母在经济上（大量）赞助，他们通常在组织和客人方面也有坚定的发言权。哪怕是在西方很多个人主义盛行的国家，传统上，有关婚礼的邀请也是由一对新人的父母发送的。

有意识地组织庆祝活动有助于增进家庭关系。但这也需要仔细规划，尤其是随着家庭的成长变得更加多样化时。

反思性问题——我们全家都参加的庆祝将以什么样的方式展开？

（1）我们家有哪些庆祝活动？

- 家庭仪式（结婚、洗礼、纪念日）；
- 商业成功和周年纪念；
- 特别活动（毕业典礼、体育表演）；

— ……

（2）我们家在庆祝活动方面有什么文化？

— 固定的仪式；

— 对于某项流程，存在强大的、要求守旧的群体压力；

— 持创新开放的态度；

— ……

（3）如何加强我们的家庭庆祝活动的空间？

— 如何以及由谁来负责主持有关家族庆祝活动的讨论？

— 关于庆祝活动，你希望看到更多还是差异？

— 你可以要求谁扮演更积极的角色？

— ……

我们对有关家族过去的讨论将在本章告一段落。下一章，我们将聊一聊在家族内部我们该如何讨论未来，也就是我们每个人对家族和个人发展的预期。

第五项修炼进阶习题库

第五项修炼进阶习题库通过提出问题并帮助大家寻找问题的答案，达到解决问题或改进现状的目的。我们建议你找出以下问题的答案。这将会对改进家庭内部的沟通产生积极影响。我们对以下问题的回答会在本书中揭示。

（1）你将会做出哪些对家族和个人成长有影响的决定？

（2）我们该如何谈论家族的成长？

第四章

谈谈现在与未来

一、关于重大事件的讨论（一）

在上一章里我们提到每个家族都有自己的传统和历史。在本章中，我们转而谈谈如何在家族中谈论我们正共同经历的当前。这之后，我们还会发起对未来的讨论。

我们有关家族企业以及代际传承的研究表明，在很多家族的内部其实并没有太多关于当前的讨论。爷爷奶奶们会更愿意与孙辈谈论过去而不是现在。父母会更愿意与孩子谈论未来而不是现在。孩子们也往往不愿意主动与长辈们聊起他们自身的情况，因为他们会担心自己的想法和计划得不到长辈们的认同。

但是，当面对家族中一定会发生的重大事件，例如死亡的时候，这一切的顾虑又都显得那么微不足道了。

让我们先来看一下居住在荷兰阿姆斯特丹的罗伯茨一家的案例。

19岁的迈克尔是彼得·罗伯茨和艾玛·罗伯茨的孙子。彼得和艾玛共有三个孩子，大儿子皮特、女儿奥利维亚和小儿子卢克。迈克尔是卢克和妻子阿莱特唯一的孩子。迈克尔在罗伯茨家族里有四个堂兄和一个堂姐。迈克尔是所有孙辈里最小的那个。

迈克尔与堂兄和堂姐的关系看起来很好，但也只是停留在表面而已。孙辈的这六个孩子之间并没什么有深度的交往，他们通常在家族庆祝活动中见面。虽然家族中每个人都用手机上的短讯应用加入了一个叫作"罗伯茨家族线上交流"的小组，但那上面大家无论是发信息还是日常交流都不怎么规律。平时主要是迈克尔的妈妈阿莱特和他的奥利维亚姑姑活跃一些，她们会时不时地给大家发些引人发笑的消息。

祖父彼得·罗伯茨从16岁开始在伯赫姆一家面包店担任面包师助理。在他还年轻的时候，每星期有六天他都需要在凌晨三点半起床干活。那时候他的想法是他得用努力工作来解决一家人的生计问题。十年后，当他工作的面包店要出售的时候，彼得鼓起勇气借了一大笔钱买下了这家店。面包店自此更名，彼得的姓"罗伯茨"成为面包店及其产品的品牌。在整个职业生涯中，彼得和负责销售的妻子艾玛在整个阿姆斯特丹建立了80家连锁面包店。星期天，顾客在外面排起长队购买正宗的"罗伯茨"牌糕点。

很久之前，彼得就通过对子女的观察得出了结论，他的三个孩子中没有一个表现出对面点烘焙这一职业的兴趣。考虑到这项工作的工作量巨大，且在节假日期间会异常繁忙，彼得也能理解子女的顾虑。自然，也没有一个孩子愿意继续他和老伴经营了一生的这项连锁生意。

在他70岁生日那天，彼得将他的面包店卖给了一家欧洲餐饮集团。在他去世前几天，他将自己这些年的经历分享给了他的三个孩子。原来早在四年前，彼得在一次例行检查后就已经知晓自己患有肺癌。然而，彼得和艾玛都觉得他们很难将这个消息告诉他们自己的孩子、儿媳和他们的孙辈。

除了许多回忆之外，彼得唯一剩下的就是7400万欧元的遗产。在他去世之前，彼得和艾玛决定共同向子女和孙子们赠与5700万欧元：给三个子女每人1800万欧元，给六个孙子每人50万欧元。

对于艾玛来说，彼得的死无疑是一个重大的打击。她一生都深切地爱着她的丈夫，并钦佩他在商业生活中所表达的价值观。她了解彼得，知道对于彼得来说，人们"以谨慎和诚实的方式忙于有益于社区的事情"是非常重要的。

利用剩余的财产，艾玛投资了一所大学的医学研究计划来帮助进行抗癌研究。她同时确保其他的财产能为当地的青少年活动、剧院、歌剧院、城市博物馆这些文化事业以及一个为不幸的人组织旅行的非营利组织提供帮助，并保持这些扶持长达30年。

对于孙子们来说，能获得这份巨额的财产无疑是出乎意料的。他们其实并不了解爷爷奶奶的事业居然经营得如此成功。他们的祖父母彼得和艾玛从来没有炫耀过自己所拥有的财富。由于彼得和艾玛并没有提前很久告知孩子们彼得的身体状况，所以有关这笔赠款的决定是在孩子们都没有太多参与的情况下做出的。彼得和艾玛保证了留给儿孙的钱财是马上可以使用的。他们希望孩子们能明智地使用这笔赠款来过他们想要的人生。然而，彼得和艾玛却从未考虑过与孩子们明确讨论有关如何使用这笔巨款的指导方针。

一家人在（现已去世的）爷爷彼得的生日前后再次聚集到了艾玛奶奶家见面。

这次家族聚会的前两周，迈克尔和一些朋友在一家时髦的鸡尾酒吧见面。

"我保证比特币是虚拟黄金。今天低位买进的人明天就可能成为百万富翁！上周比特币的价值上涨了47%！"伯特口沫横飞地说着。他是迈克尔在阿姆斯特丹认识的一位朋友，他对比特币的投资前景提出了非常激进的看法。老实说，迈克尔对有关虚拟货币的投资一无所知，当然对比特币也就一无所知。但他不想表现得比伯特差，或者说"傻"。

"巧了，伯特，我昨天还在考虑要大力投资，越早越好。我不需要拥有经济学博士学位就能理解购买比特币是一项天才投资。"迈克尔回应道。

"当然了，迈克尔！我的朋友里现在也只有你才有这样的经济实力。如果你这样做，我会给你加冕为阿姆斯特丹的'华尔街之狼'！"伯特一脸艳羡地说道。

"明天留意新闻吧！"迈克尔吹嘘道。

那晚之后，迈克尔和伯特制订了疯狂的计划，他们在短期内确实变得异常富有。迈克尔自此更加热切地参与到一切有关虚拟货币投资的辩论中来。他觉得自己被伯特这一伙拥有高学历的"业内行家"们接受了。迈克尔觉得自己不仅最终进入了这个圈子，还在短时间内博得了所有人的关注，并牢牢站稳了脚跟。

不久后，迈克尔在一个允许个人购买比特币的在线平台上购买了价值为 250000 欧元的比特币，这是他从爷爷奶奶给他开设的储蓄账户中转出的金额最大的一笔。他用他的 iPhone 拍下了订单确认的照片。他在 Instagram 和 Facebook 上发布了这张照片，标题是"我是阿姆斯特丹的'华尔街之狼'！"朋友们的反应很快就进来了。伯特激动地吹捧着："太酷了，太疯狂了，小罗伯茨！你是当之无愧的'阿姆斯特丹之狼'！"

在家族聚会的前两天，比特币的价值遭受了下挫 74% 的重创。迈克尔惊慌失措，飞快地卖光了手中剩下的所有比特币来止损。他的总损失高达 185000 欧元。迈克尔灰溜溜地将最后仅剩的

65000欧元转回他的储蓄账户。

两个小时后，迈克尔的电话响了，是他的父亲卢克打来的。他接到了银行打来的电话，称他儿子迈克尔的储蓄账户中有两笔不正常的交易。银行想知道卢克是否知晓迈克尔的投资行为。当然不，卢克对此毫不知情。

"迈克尔，你到底做了什么？"卢克在电话里吼了一声，继续说道："你今晚最好在家。"

傍晚时分，迈克尔回了家，他面对的是父亲卢克的熊熊怒火。父亲冲他嚷道："你犯了一个大错，迈克尔！你浪费了你祖父和祖母赠与的钱，那是他们辛苦了一辈子赚来的钱。"卢克继续道："我们现在就开车去找你奶奶。你自己去跟她解释清楚！"

迈克尔在他父亲的震惊中明白他自己从来不是什么"阿姆斯特丹之狼"，他只是一个失败了的疯狂的投机者。他非常沮丧，觉得如果他的祖父地下有知，很可能也会被他再气死一次。

迈克尔做出这样的疯狂行为的原因到底是什么？他在他的生活中真正想要的是什么？为什么彼得爷爷和艾玛奶奶的事业经营得如此成功，却很遗憾地没有留下任何空间与他们的子女、孙辈好好谈谈？

事实上，在任何家庭中，谈论未来都是子女教育和家庭生活的重要组成部分。对于富裕家庭，谈论企业的未来以及如何处理家庭资产的话题，也是问题颇多。什么是每个人的愿望和期望，什么是恐惧？父母和孩子们对家族企业的热情如何？孩子们还想像父辈那样继续经营吗？

告别、疾病和死亡这些生活中的重大事件到底该如何处理？这些是我们可以事先讨论的话题吗？这些讨论又与家族财富的存续有何关系？

心理学告诉我们，同龄人的影响力随着年龄的增长而增加。对于迈克尔来说，他朋友的意见可能比他父母的意见重要得多。所以，作为父辈，最好尽早地与孩子们开始关于现在与未来的对话。

在21世纪的许多国家中，年轻人的选择自由被视为是非常重要的东西。但无论是关于学习、工作、爱好还是伴侣选择，引导独立思考和独立决策才是其中的核心价值和意义所在。当你的孩子做出与你相反的选择时，该选择不仅可能会受到来自你的挑战，也会经受现实的考验。而在这种关键时刻，最有用的"窍门"就是继续对话。当然这些都需要你深入了解你的孩子及其需求，并持之以恒地保持开放的心态、积极对话。

在后文中，我们将时不时地引用罗伯茨家族的这个案例，并向大家介绍家族成员在内部沟通问题上做出的努力和取得的进展。

第五项修炼进阶习题库

第五项修炼进阶习题库通过提出问题并帮助大家寻找问题的答案，达到解决问题或改进现状的目的。我们建议你找出以下问题的答案。这将会对改进家庭内部的沟通产生积极影响。我们对以下问题的回答会在本书中揭示。

（1）我们该如何交流日常生活中的事件，以及事件中情绪的起起落落？

（2）我们该如何不仅保持联系，还能保持有温度的联系？

二、关于重大事件的讨论（二）

在上一节里，我们从罗伯茨家族内部发生的一个事件出发，开始探讨在家族中应该如何面对共同经历的现在和将要一起迎接的未来。

我们谈到家族内部在讨论现在与未来时，无论是长辈还是子孙辈都可能会有这样或者那样的顾虑。然而，当面对家族中一定会发生的某些重大事件，例如死亡与继承的时候，这些顾虑会成为正视这些重大事件的阻力。

死亡，无论是预期的还是意外的，都是家庭自然转变中的一部分。一个家庭成员的死亡是一个牵动人心的事件。共同的损失和有尊严的告别可以加强家庭联系。但死亡或其他重大事件也可能使家庭瘫痪，播下怀疑，引起数十年来一直被掩盖的冲突的瞬间爆发。

而进行关于死亡的对话才是正确面对它的做法。彼得和艾玛只是在他们知道彼得病重并且将不久于人世之后才开始和他们的孩子谈论彼得的病情。彼得的三个孩子在追问父亲的病情这件事上也表现得非常犹豫。这就使得与此有关的谈话的走向非常消极且情绪化，尤其当这些讨论涉及实际问题时，比如遗产的具体数字、剩余财富的安排，以及对老母亲艾玛的照顾。

当预见到这种不可避免的事情的发生时，家族中就要有人站出来，安排时间和空间对这类问题进行有针对性的对话。在罗伯茨家族，我们知道彼得爷爷病了一段时间。他迟早会去世，这是肯定的，无论接受这一点是多么让家人感到痛苦。那么作为一个家庭，大家就有必要来讨论以下问题。

（1）这种损失对我们一家人意味着什么？

（2）我们如何在实际和情感上相互支持？

（3）需要以什么形式来妥善组织和延续家族血缘、私人感情纽带、商业利益和财富这些领域或维度？

在这些类型的对话中，请求家族外的第三方协调人的支持与引导通常会有一定的帮助。彼得和艾玛很难说出这个悲伤的消息，也很难谈论他们无法参与的子女和孙辈的未来。这时候，一个值得信赖且知识渊博的人可以帮助所有的家族成员以情绪可控的方式处理悲伤，展望未来并谈论继承等实际问题。

让我们回到罗伯茨家族的案例中来。

有关这些重大事件的讨论应该发生在彼得被诊断为肺癌之后的某个时间点。如果我们是彼得和艾玛，那我们就应该意识到自己已经到了一定的年龄，我们在与成年子女的谈话中应采取更加开放的态度。

那如果你是迈克尔的父亲卢克，你又会怎么做？你也会对儿子的行为如此愤慨吗？你会不会立即去艾玛奶奶的家里，告诉她这个确定会让她非常失望的消息？如果迈克尔通过他对比特币的投机性投资获得了巨额收益，作为父亲的你，会如何反应？为什么迈克尔的父亲卢克和母亲阿莱特都对年仅19岁的迈克尔的这样一大笔投资一无所知？阿莱特又在这个案例中扮演了什么角色？

这许许多多的问题，其实都与沟通有关。

我们如何交流日常生活中的事件，以及家庭中的起起落落？罗伯茨家族的案例为我们提供了一些见解。让我们来讨论以下主题。

（1）你如何随时了解每个人的情况？你如何不仅保持联系，还保持有温度的联系？

（2）你如何与其他人共享有关资产和业务的信息？

（3）你如何沟通和讨论（日常）烦恼？

（4）你如何分享快乐和悲伤？

（5）在家庭中，你如何庆祝里程碑和成功？

回答这些问题的第一步是要了解正在发生的事情。

迈克尔在没有事先咨询父母的情况下进行了一项重大投资。出现问题后，他小心翼翼地不告诉家人。在本案例中，有关巨额损失的信息是通过银行送达给了他的父亲卢克。迈克尔19岁了，按照许多国家的法律，他已经成为成熟的、具有全部民事行为能力的人。祖父母赠与他的钱，他也有全面独立支配的权利。

那么，让卢克暴怒的原因又是什么呢？他认为迈克尔应该为乱花掉他的祖父母赠与他的钱而感到羞愧。我们引申一步想，卢克基于自己是迈克尔父亲的身份和地位，也许他从来就认为迈克尔根本没有能力和权利来完全支配爷爷奶奶辛苦劳碌一辈子最终赠与他的这笔钱。

父亲卢克的观点出自他认定的家庭价值观。那么问题来了——儿子迈克尔也认同这些价值观吗？迈克尔对卢克的愤怒和支配地位的敏感程度将在很大程度上决定父子之间的联系。我们认为，更牢固的感情纽带会创造更大程度的开放、信任和相互尊重。而日积月累地这样做的成果之一就是彼此反而能更容易地接受对方的愤怒和质疑，哪怕这种愤怒标志着对纽带的某种威胁。

卢克和迈克尔彼此了解吗？他们都对对方了解些什么？日常

又讨论些什么呢？迈克尔在没有与父母商量的情况下采取行动，也没有在事后进行任何沟通。这种行为是有原因的。不要把这些"意外行为"视作"洪水猛兽"。它们往往是开始一段有意义的家族成员之间对话的一个很好的开端和理由。

我们发现联系和信息共享的程度因家庭而异，家庭成员之间也有很大的不同。人们对彼此的了解有所不同，让我们通过以下内容来区分不同的认知和了解的领域。

1. 行动

（1）你知道你的家人在做什么吗？

（2）你与他们分享什么？

（3）你是只知道一个大概，还是从彼此的相处和互动中了解到了更多细节？

（4）你真正想分享和知道什么？

2. 健康

（1）你对每个家庭成员的身体和心理健康状况了解到什么程度？

（2）哪些疾病是家族中遗传的、家族成员共有的？哪些不是？

（3）你什么时候谈论严重的疾病或体检的不确定性？

3. 思考

（1）你是否了解彼此的想法？

（2）你们在思想和心灵上有什么共通之处？

（3）你们如何看待各种家庭事务？

4. 感情

（1）你知道你家里的每个人在情绪化的时候的具体表现吗？

（2）是什么让他们快乐、愤怒或悲伤？

5. 价值观

（1）你们在生活中追求什么？

（2）行事准则是什么？

（3）你如何分享和讨论它？

（4）那些诸如诚实、努力工作、谦虚、富有同情心和关怀等价值观，对你和其他家族成员意味着什么？

（5）如果这些被认为是家族中的优秀品质，家族成员们又该如何展示这一点？

在讨论罗伯茨家族的案例时，我们还可以追问的另外一个问题是：如果彼得爷爷并不是因病去世，而是突然死亡，那又该怎么办？我们有时更愿意对这个现实问题闭目塞听："别担心，我（他）会活到100岁的。"这样的祝福听起来似乎很有爱，但在处理重大事件时却并不能产生凝聚家族成员的力量。

让有效沟通成为闭环！

如果还没有说，

那就张嘴说吧。

如果还没有被听到，

那就开始听吧。

如果尚未被理解，

请开始理解。

如果还没有做，

现在就去做。

如果还没有达到预期的效果，

想想这是为什么。

因此，请始终检查你们是否真的了解彼此。我们建议大家在处理家族重大事件时记得这样的一句口号："永不要假设的美好，始终以询问来确认。"

第五项修炼进阶习题库

第五项修炼进阶习题库通过提出问题并帮助大家寻找问题的答案，达到解决问题或改进现状的目的。我们建议你找出以下问题的答案。这将会对改进家庭内部的沟通产生积极影响。我们对以下问题的回答会在本书中揭示。

（1）"保持沉默"算不算是一种交流的方式？

（2）在沟通过程中，该以怎样的方式，在何时引入外部专业人员？

三、关于重大事件的讨论（三）

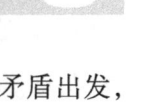

在上一节里，我们从罗伯茨家族内部发生的家族矛盾出发，讨论了在家族中应该如何面对现在和未来必将要经历的重大事件。

我们认为家族内部在讨论现在和未来时，应该牢记有关沟通的两个黄金法则。

黄金法则一：我们可以适当保持沉默，但绝对不要选择"不沟通"。

我们承认，在有的时候，"沉默"也是一种沟通。在一段关系中，保持沉默的姿态有时候也很有意义。但是，我们认为，有选择地保持沉默和有特定目的地隐瞒或不告知，这两者之间还是有区别的。作为孙子，迈克尔如果对于自己的投资去向选择什么也不说，这可能意味着，他心里认为：这是我的事。又或者是他明知这样做的风险性，却对家人故意隐瞒。在这种情况下，迈克尔的选择不能被称为是保持沉默，而是"不沟通"。在有关家族或个人重大利益的事项上，选择"不沟通"绝对无益于有关问题的讨论。

黄金法则二：我们的沟通效果总是不如我们想象的那么好。

卢克相信迈克尔非常清楚他对这种高风险投资的感受。卢克认定迈克尔不能以这样的方式处理他储蓄账户中的钱。他也确信迈克尔在购买比特币这件事上故意违背了家庭里长期奉行的投资理财观。问题是卢克之前在与迈克尔的谈话中是否对这个重要的问题进行了明确的沟通。我们沟通的效果往往不如我们想象的那么好。

造成这种情况的最重要的原因是沟通的过程中存在着不同的主体。沟通永远包括三个最重要的组成部分，即信息发送者、信息、信息接收者。在沟通的过程中，每个组成部分都可能出现问题。信息发送者了解自己发送信息时的意图，并通常会默认信息发出时的样子就是这些信息在接收者那里被打开时的样子。但事实往往并非如此。

我们的行为对他人产生的影响通常是我们在沟通过程中一个

非常重要的盲点。我们永远不知道我们的沟通会对他人产生哪些切实的影响。即便假设作为信息发送者的我们清楚己方最初的意图，我们出于善意的言辞或行为也可能会对他人产生负面影响，而我们自己却没有意识到。更何况在沟通过程中，我们自身的意图有时对于我们自己来说也能成为一个盲点。

相反，在别人与你的交流中，恰恰存在着另一个盲点。你知道信息发送者发出的信息对你造成了什么影响，但你不知道信息发送者的意图。我们要能够看到，对方的言语或行为对我们造成了伤害和其他负面的影响，并不一定意味着对方出自恶意。我们要不断地提醒自己：在沟通中对我们造成影响的是对方的言行，而不是我们推测的他在这之中的意图。

就如同之前我们所指出的，从心理学角度分析，在沟通环节中，典型的归因错误起着重要的作用。当我们作为信息发送者时，我们很自然地倾向于将最好的意图归于我们自己。而如果沟通中的另一方说了或做了一些对我们产生负面影响的事情，我们也会很自然地将不那么良善的意图加诸对方。所以，请对沟通中对方意图的解释尽可能地保持开放的态度。一定要询问并再三确认对方的意图到底是什么，再把对方的意图与他的行为放在一起分析。同时，也请对你自己的意图的解释保持开放的态度。通过承认对方的感受，再三考虑自己抱有复杂动机（良性＋可能恶性）的可能性，来试着与沟通中的所有人一起发现：其实我们都没有那么高尚，也都没有那么卑鄙。

明确了沟通中可能存在的误区之后，下面我们来讨论如何就资产和公司相关的重大事项进行沟通。

今天，对于绝大多数富裕家庭来说，长辈们辛勤劳动所获得的东西要适当地传给后代，并要求后代们能在生意和财富方面做出协调一致的决定，这一点对财富的存续和增长至关重要。

在罗伯茨一家的案例中，我们注意到迈克尔的财富管理方式使得他承担了非常重大的财务风险。他真的准备好接受这么多钱了吗？他有仔细地想过该如何管理这笔财富吗？还是说他就感觉跟中了彩票一样，认为这一切全凭运气？我们看到罗伯茨一家在获得巨额财富的前后，儿女们和孙子辈似乎并没有展开认真的交谈。他们似乎也不认为沟通或者"统一思想"真的有必要，因为祖父母只是简单地将资金分配给子孙。后辈们几乎没有共同财产，反而是每个人都有自己的那一份份额，且彼此不相关、不竞争、不冲突。

在许多富裕家庭中，情况与我们分析过的罗伯茨一家有所不同。富裕家庭的教育难免会讲到财富意味着什么，如何处理家庭财产，以怎样的方式去奋斗，什么价值观是家族的出发点。家族成员往往与企业联手投资，因而连接着家族中的每一个人。人们通常还选择资产的连续性、跨代性，以保障共同所有、创造协同效应和规模经济的方式让家族事业变得更强大。而这也符合管理理念：每个家庭成员都是负责任的股东，他们不把资产看作是一笔钱，而是增长的源泉。发展和繁荣资本，不仅为了当代，也为了后代。

例如，为实现这一目标，股份将被置于家族基金会（Family Fund）和相关管理办公室或合伙企业中。然后，这种信托管理工具决定有关资产与公司的战略和决策。经济回报以股息或其他方式在家庭成员之间分配。这使得在控制权和收入之间进行分配成为可能。家族中的每个分支都可以委派一个人到家族基金会董事会，策略由三或四个人决定，这并不妨碍每个人都获得收益的一部分。

毕竟，重要的是家庭成员也可以从巨大的家族财富中获得私人资金。通过分红、减资、相互出售凭证，资金可以转移到私人资产中。此外，明智的做法是可以将部分资产直接赠与每个孩子，我们称之为"私人花园"。它应该为家庭的每个分支提供必要的"氧气"和自主权。在这方面，众所周知的80/20帕累托定律也可以适用，即保持80%的资产，将20%的资产留给家族成员个人进行分配。在管理个人所有的这部分财富时，我们应该关注的问题是家族的价值观是否得到了下一代的讨论、分享和支持。

几代人的共同价值观？

中国经济的飞速发展催生了很多"新富"家庭。父母辛苦工作，在短时间内积累了一笔财富。孩子们大多被送到国内或国外寄宿学校，由保姆照顾，并在成年以后送到国外的名牌大学学习。令许多父母感到悲哀的是，有一些孩子和父母的价值观差异很大，与父母之间的关系也并不亲密。他们在花钱上表现得很轻松随意，虽然明知父母正为此辛勤工作，但也并不对此表示感激。除了知道家里很有钱之外，孩子们对家里的其他情况，尤其是商业经营情况一无所知。而在孩子成长的路上，父母也经常用物质礼物来弥补他们为人父母的缺席。

如果家庭内部不善于讨论金钱和财富，那么家庭很可能会分崩离析，而财富也会随之消散。

> **第五项修炼进阶习题库**
>
> 　　第五项修炼进阶习题库通过提出问题并帮助大家寻找问题的答案，达到解决问题或改进现状的目的。我们建议你找出以下问题的答案。这将会对改进家庭内部的沟通产生积极影响。我们对以下问题的回答会在本书中揭示。
>
> 　　当我们处在愤怒或极端的情绪中，我们该如何保持沟通？

四、价值观——行动的试金石

　　在上一节里，我们谈到如果家庭内部不善于讨论金钱和财富，那么家庭很可能会分崩离析，而财富也会随之消散。我们也着重指出了在中国富裕家庭的子女教育中观察到的一些现象，从而引发本节的讨论。

　　让我们先来看一个没能拥有完美结局的案例。

不是自上而下，而是自下而上

　　十五年前，一位非常成功的教师开始了他的商业生涯。在取得了巨大的商业成功之后，晚年的他将一笔最为可观的资产投入到一个根据他的理想设立的高等教育基金会中。早在基金会成立之初，他就要求他的三个孩子全部成为基金会的董事会成员。

　　老父亲在做出这一决定的时候并没有把孩子们的自身意愿考虑进去。他认为他的孩子们加入他毕生为之追求的教育基金会是一件自然而然的事情。而孩子们最终同意加入不仅是出于对父亲这一要求的尊重，也是出于他们自身希望增加声望和良好的人际脉络的需求。他们把在该基金会董事会的工作当作实现这一需求的平台之一。

在老父亲在世时，孩子们尚能在基金会努力工作，实现老父亲的诸多嘱托。而在他去世后，在很短的时间里，三个孩子都相继以非常明显的方式表达出他们不想再继续从事基金会工作的意愿。他们的理由一致、简单且直接——我们并没有像我们的父亲那样，对教育事业从始至终充满高度的热情。

虽然老父亲在去世之前对这种情况有所察觉，并在尽可能的范围内为基金会未来的财务来源做了一些保证，但是无奈三个孩子齐心协力，千方百计地调整各项规定，并接连把基金会的资产挪作他用。基金会的投资受阻，董事会产生矛盾，基金会的运营一时难以为继。

我们认为，家族的价值观和使命只有通过有机和自下而上的讨论和实践才能代代相传。有关家族的价值观和使命的讨论应该经常化和永久化。家族中的每一代人都应该享有机会一次又一次地对这些家族核心价值观做出自己的解释，或是进行符合时代发展脉络的修正。

那么我们具体该怎么做呢？让我们来看看能从下面这个案例中发现什么。

毕先生和毕太太在他们的一生中都践行了某些价值观，并且时常与他们的孩子讨论它们。这些价值观与工作、关怀和尊重有关，也与金钱和财富有关。

毕先生和毕太太认为,保持家族财产的透明度很重要。通过这种方式,整个家庭可以对总资产的数目和规模有相应的了解,并了解将永远留给子孙后代的部分以及父母想要留给他人或用以支持某种公益事业的部分。在这些谈话中,毕先生和毕太太与子女和孙辈开诚布公地讨论家族的资产在多大程度上可以跨代保存在一起,以何种方式,以及为什么。

有些特定时刻的特定赠与也在讨论之列。有些祖父母会在没有与子女讨论的情况下给孙辈一笔巨款。这之中自然可能有当时情境下可以理解的原因。但通常这种行为都会在随后产生冲突。在我们有关家族管理的实务中,我们通常把这种未经同意就赠与的款项称作"有毒的礼物",因为它并不能像一般的礼物那样会增进家族成员之间的关系。毕先生和毕太太认为这种未经子女同意的对孙辈的赠与是他们在家族财产处理上尤其需要避免的情况。

此外,毕先生和毕太太认为更重要的是,父母和子女、孙辈等几方都要有空间表达他们的愿望或期望。毕先生和毕太太在例行的家族讨论中具体谈论以下问题。

(1)他们对孩子们如何处理遗产的具体期望。

(2)每个孩子在多大程度上可以享有自主决定的权利。

(3)若毕先生和毕太太在未来也愿意将自己的部分资产赠与未成年的孙辈(在征得他们父母的同意之下),他们对接受赠与的孙辈也会提出一些在孙辈们接受到不同级别的金额时所应当具备的条件。例如:

－当他们第一次与自己的父母讨论投资决定时;

第四章 谈谈现在与未来

— 当他们准备学习或结婚时；

— 当他们达到一定年龄时；

— 当他们在投资意味着什么以及如何以不同方式使用资本来实现增长等方面获得了相应的知识或达到了一定的能力时；

— 当他们将资金用于基于祖父和祖母价值观的目的时，即"本着真诚的心，以脚踏实地的精神做有益于本地的事情"。

毕先生和毕太太坚信，在这一次次的家族例行对话中，反复出现并被具体讨论的价值观正是子孙后代如何使用继承到的家族资产的试金石。在继承和赠与之前进行这样的讨论很重要。毋庸置疑，孩子们有权发表自己的意见，而且很可能会对什么才是所有家庭成员都可取且可行的模式达成共识。

事实上，毕先生和毕太太在家庭内部关于价值观的对话中的一个重要部分就是：父母如何看待他们获得的资产？孩子们能在多大程度上自主地使用它？父母辈会期待在多大程度上以跨代继承的方式对资产进行延续和扩展？毕先生和毕太太向他们的子女和孙辈和盘托出他们心目中认为的什么对未来最重要，并在这方面重点强调一些价值观来进行指导。

但无论怎样，我们都必须明确，在我们讨论未来时（尤其是涉及财产部分的未来时），不同的家庭成员在需求和价值观方面很可能存在重大且显而易见的差异。

毕先生和毕太太选择将他们的大部分资产等量赠与他们的三个孩子。因此，孩子们并不相互依赖。也许毕先生和毕太太也曾希望他们的孩子携起手来开展一些联合投资活动，以合作的方式最大限度地保持家族资产的规模，并保持家族事业的连续性。但他们同时也清醒地意识到自己的这些愿望未必与子女的意愿一致。

毕先生和毕太太认为，及时地、诚实地认识到这一点并彼此放手，而不是争取不存在的团结，是他们这个家族保持尊重与和谐的关键。当然，达成这种共识的过程通常并不是一个非常令人愉快的过程。从时间角度讲，这往往也不是基于一两次对话就能做出的决定。家庭成员对于个人自由、创业精神和家庭关系的需求和愿望等通常存在前后不一致或自相矛盾之处，在商业领域内的表现从长远效应看尤为明显。

如果不进行对话，则父母的意图与子女或孙子女的行为之间出现差距也就不足为奇了。那么问题就在于，子女和孙辈是否有足够的能力并拥有相同的价值观来管理共同商定的父母礼物。

因此，以开放的方式探索这一切是有助于每个家庭成员发展以及整个家族成长的明智之选。

第五项修炼进阶习题库

第五项修炼进阶习题库通过提出问题并帮助大家寻找问题的答案，达到解决问题或改进现状的目的。我们建议你找出以下问题的答案。这将会对改进家庭内部的沟通产生积极影响。我们对以下问题的回答会在本书中揭示。

（1）你自己的家族史对你的选择和价值观产生过重大影响吗？

（2）你是否将这些选择和价值观也置于你自己的"核心家庭"和儿孙辈的家庭之中？

第五章

谈话的艺术

一、"沉默"与"不沟通"

我们曾在上一章谈到沟通的两个黄金法则，其中第一条黄金法则就是：我们可以适当保持沉默，但绝对不要选择"不沟通"。意思就是说，我们在一段关系中，有时候没有更合适的语言进行沟通，或者在一场冲突中，一时找不到能够"熄火"的话题，那么为了避免"一句话让人跳"的局面发生，我们选择了沉默，暂时不表达意见，从而产生"沉默是金"的效果。但是在保持沉默时，有几个要点需要注意。

（1）沉默是指口头语言的暂停，但肢体语言未必暂停，往往还会透露出不同的意思。如果肢体语言与你"沉默"的意思不一致，人们更加相信的是肢体语言表达出来的意思和情绪，而不是沉默本身。所以，当我们采用沉默的方式来保持一段关系中的沟通效果时，更应该注意肢体语言在不知不觉中所透露出来的信息和意义。

通常而言，沟通的内容不外乎信息、思想和情感三个方面。信息的沟通常常是比较容易进行的，而且有技术的帮助，可以使得信息沟通越来越通畅和有效。比较难的是思想和情感的沟通，这个取决于沟通双方或各方的特定情况。比如，双方之间熟悉的、认可度高的，就比不太熟悉的、认可度较低的，更有沟通效果。而在情感、情绪的沟通方面，肢体语言的沟通往往效果最显著。如前文所表述的那样，在富裕家庭的沟通场景中，沉默大多出现在有冲突或分歧的情景中。比如，当继承人与创始人在讨论公司事务时，作为创始人的父亲比较强势，而且又有其他人在场，作为继承人的儿子虽与父亲有不同的意见，但几番争论下来，为了维护父亲的面子，往往会采用沉默的方式来避免冲突升级。在这种情景下，保持沉默的人要注意自己的肢体语言，即使不说话，一个眼神、一个姿势不妥当，也会让冲突升级。

（2）选择"沉默"的沟通方式时，明面上是为了赢得时间，或者避开锋芒，让当时沟通的双方或各方能"暂停"，避免引起冲突，这与篮球比赛中一方连续得分时，另一方会叫暂停的意思差不多。所以，在这个意义上，沉默是暂时的，说到底是为了给情感或情绪留出回旋余地。但是，置于家族企业或富裕家庭的沟通场景中，沉默还意味着情感上的让步和妥协。正如人们都了解的那样，在发生冲突时，家族企业中的上下级关系与家庭中的父子亲情关系这两种身份关系会夹杂其中，把冲突变得更加复杂。不少人为了维持家庭亲情，选择用沉默来避免冲突升级。其中不乏精彩之处。我们在开展"隐形冠军调研案例研究"项目时就发现，浙江温岭舜浦帽业有限公司总经理陈君标在处理矛盾和冲突时，有自己的独特之处。他抱着"既要坚持自己的想法，又不能伤感情"的想法，归纳了三点："第一点，妥协。他是父亲，创办的企业也是他的孩子，有时是比我还重要的孩子。第二点，讲不通时，写纸条，写一个函给他看，让他慢慢地去想，总会想通的。第三点，在公司，我是员工，父亲是老板。在职级上，我服从命令听指挥。"只有深谙沉默背后妥协的深层情感，才能真正用好沟通中的"沉默"技巧。

（3）沉默不是"不沟通"。沉默是一种回避和妥协，但"不沟通"是拒绝沟通，是不告知和隐瞒。比如，在家庭中讨论股权分配问题，这个话题通常是比较敏感的。因此，如果遇到不同意见，选择沉默是可能的，但选择"不沟通"则适得其反，最终会埋下隐患。试想，假如一个四口之家，父亲是创始人，母亲曾在公司初创时期担任过财务总监，后来为了孩子回到家庭，成为全职太太。两个孩子中，大女儿在公司工作多年，是父亲的得力助手，儿子年纪小，刚进入公司实习。还有舅舅，也是创业初期跟随父亲的元老。在这样一个背景下，为了吸引风投，需要对股权结构进行清理和分割。无论与家庭成员沟通与否，在这种情景下，每个人都是有自己的立场和利益考量的。如果为了避免吵架就有意隐藏一些信息，或者只有部分人了解，搞信息不对称，那么可想而知，这种"不沟通"的做法一定会引起更大的误解和猜忌。这里面有很多需要考虑的点：创始人与继承人，元老与继承人，早期共同创业者与后来继承人，对儿子和女儿的重视程度，等等。对于每个成员的角色、贡献，对于未来的期待和安排，都需要逐一沟通，采取简单粗暴的方式是行不通的。"不沟通"的做法只能引发冲突和矛盾的升级，并反过来大大增加沟通成本。

　　选择"不沟通"的行为有时是因为我们自己的认知误区。我们常常以为，有些话难以启齿，会有损颜面，或担心别人误解，从而选择不说，但结果却适得其反。如上面所说的故事场景，在沟通过程中，容易被忽略的几个点是：母亲的贡献容易因工作中断而被忽略，女儿的贡献容易因儿子接班的目标而被忽略，舅舅的贡献容易因"内外有别"而被忽略，等等。然而，这些容易被忽略的点却是我们内心最柔软的部分——亲情所在。当情感与利益相遇时，我们会有碍于情面、有碍于关系的远近，选择逃避、不谈。或者为了利益，在沟通中隐藏信息，隐瞒利益。这个与我们国人的文化心理有很大关系。所以说到底，还是要走出我们自己的认知误区，从而更好地把握什么时候谈、怎么谈、谈什么、和谁谈、在哪儿谈的问题。

因此，我们在日常沟通中，无论是谈论哪个话题，都应当用好"沉默"技巧，但绝不能选择"不沟通"！

二、家长也需要被称赞

在日常生活中，最常见的一种沟通行为就是表扬与夸奖。在家庭里，表扬与夸奖的行为一般都是长辈对子女发出的。尤其是现在流行"激励教育"，当孩子们在成长过程中遭受挫折时，提倡以鼓励为主，多多表扬。久而久之，人们也都习惯了，在以上对下时会多多鼓励和表扬。但却忽略了另一个方向上的对待。在沟通时，子女对父母要不要多多表扬、多多夸奖？在很多家庭里，父亲通常都是孩子们心中的"英雄"，具有排除万难的超能力与坚忍不拔的强者性格，是"打不死的小强"。那么，父亲是否需要子女的表扬与夸奖呢？我们来看一个发生在中国家庭的小案例。

闵先生父子的求赞扬与提意见

闵先生是一位很有权威的专家，不仅著作等身，而且桃李满天下，还在社会服务方面做出了很大的贡献。他的儿子小闵是一位在读博士，是个潜力股。老闵熬心费力终于完成了一项选题新颖且很有难度的研究报告。他拿着初稿给儿子看，说你也是这个领域的，给提提意见。

儿子很崇拜父亲，立刻放下手里所有的事情，全力以赴看报告，并且很认真地在初稿上逐一写下自己的意见和看法，包括不同意见和需要完善的建议。当他把自己苦熬了几天写的意见交给父亲时，心里还有点儿喜不自胜。心想，这回在父亲那里一定能得到肯定，觉得自己也可以和父亲"比肩"讨论问题了。

过了几天，一直没有得到父亲的反馈，小闵有点坐不住了，就去直接问父亲，说："您觉得我提的意见如何？还靠谱吗？"父亲没有回答他的问题，而是有点怏怏地说："我辛苦熬了这么久，也算是我的心血之作，难道就没有一点值得肯定和表扬的吗？提出的每一条都是意见和建议，满篇都是缺点和不足。我也知道被提意见是好事，但我就不明白，为什么听不到一点肯定和称赞，难道我的这份报告就没有好的、特别有价值的地方吗？"

小闵完全蒙了。他觉得老爸是大牛人，是大腕儿，自己是一个年轻小辈，充其量算是后起之秀，"小荷才露尖尖角"嘛，刚刚能够看懂老爸的成果。他只是关注自己提的意见对不对，还期待着得到老爸的肯定和夸赞呢。他想，老爸这个大牛还轮得到自己这个"小白"去表扬和称赞吗？自己的表扬和称赞有分量吗？小闵从来没想过，老爸需要他的称赞，老爸会如此在意他的认可。

从这个小案例来看，小闵的想法和做法代表了大多数人的沟通习惯。我们想当然地以为，身居高位、成绩卓然的人是高岭之花，他们本身就是一道风景，怎么会在乎或需要平地上的小花的致意呢？其实不然！在家庭中，我们说话办事都比较随心自在，往往觉得解决"事实"就行，而忽略了解决"情感"和"情绪"的重要性。

获得称赞和表扬，是人性的需要。人性，就是喜欢被赞美、被认同，不喜欢被反对。无论身价多高，成就多大，都喜欢被赞扬，这本质上出于对认同的需求。美国著名心理学家杰丝·雷耳说："称赞对温暖人类的灵魂而言，就像阳光一样，没有它，我们就无法成长开花。但是我们大多数的人，只是敏于躲避别人的冷言冷语，而我们自己却吝于把赞许的温暖阳光给予别人。"

那么，有人会说，在家庭里也多多表扬，不是有点"拍马屁"的嫌疑吗？其实不用担心这个问题。赞扬别人和"拍马屁"还是有本质的区别的。可以这样来区分，称赞别人是发现别人的优点，是对别人的优点和长处加以肯定和认可。而"拍马屁"则是发明别人的优点，是无中生有，夸大其词，颠倒黑白。

因此，在家庭内部的沟通中，不能忽略了称赞和表扬。另外，遇到有不同意见或需要批评的时候，怎么沟通更有效呢？汉堡包法则，也叫三明治法则，不妨一试。意思就是，第一层和第三层都是积极肯定的内容，中间一层是批评或否定的内容。具体来说，第一步先表扬或肯定，第二步指出缺点或错误，第三步给予鼓励或激励，帮助对方看到未来的希望。

当我们在家庭内部不得不进行批评的时候，就要考虑如何使批评更容易被对方接受。

首先，要换位思考，用同理心去感受对方的心境和对于批评的接受程度。

其次，要注意以下几点：

（1）选择恰当的情境；

（2）对事不对人；

（3）明确指出如何改进；

（4）让对方看到改进的好处；

（5）把消极的批评放在一个积极的语境中。

家庭是洒满阳光、充满爱和温暖的地方。施予爱和温暖的人，也同样需要被每个被爱的人悉心爱护和尽心照顾。

三、发现盲点

在前面的小节里，我们探讨了在家族内部讨论问题和进行决策时，由"不沟通"这一态度所带来的种种问题。在这一节，我们来聊一聊当我们打定主意要对重大事件进行沟通时，我们该从哪些方面入手，谈话中又有哪些行之有效的技巧可以借鉴。

让我们先从魏先生一家的案例谈起。

一家人的异口异声

魏先生成功地经营着一家以产品的技术先进性而知名的家族企业。这个企业虽然在创立初期历经波折，但现在正在魏先生的手里逐步壮大。过去的十年更是它发展的黄金时期。

魏先生和魏太太有一对双胞胎女儿。魏先生坚信他的女儿们都将在不久的将来加入并最终接手他一手创办的公司。而魏太太

第五章 谈话的艺术

却觉得女儿们似乎对这样的安排完全提不起兴致。

作为双胞胎的姐妹俩虽然相亲相爱，但也彼此独立，且有着迥异的兴趣爱好。她们总是抓住日常生活中的一切机会告诉母亲，她们虽然还不那么确信今后想走哪一条路，但无论怎样，她们都很清楚自己不想走父母正在走的路。并且，她们都非常明确地反感父亲完全不顾她们的个人幸福和意愿，强行对她们的未来做出安排。

姐妹俩也曾尝试与她们的父亲沟通。在家人一起晚餐的时候，她们把心中的想法向父亲倾诉，因为她们认为这是父亲在一天之中最放松、也是情绪最好的时刻。但之前的几次尝试都以双方爆发激烈的争吵而宣告结束。两个女儿尖锐的嗓门和丈夫的冲天怒火让魏太太烦躁不已。在一次"例行"的争吵后，她终于忍不住对在场的所有人宣布，从今以后，禁止"接班"这个话题再在她的餐桌上进行讨论。

那之后，家里的晚餐时间似乎又恢复了以往的平静。魏先生和他的女儿们都想要魏太太开心，他们都努力维持着餐桌上的"和谐"气氛。但只要魏先生在家，每次都主要是他在说话。他不厌其烦地向女儿们讲述他和她们的母亲早年从商的各种奇遇或是冒险的经历。当女儿们努力迎合他并提出一些问题时，魏先生总是非常乐于回答并绘声绘色地补充更多的细节。他一次又一次地跟女儿们强调他的公司这么多年来所取得的成绩有多么重要，无论是对社会，还是对这个家庭本身。可每当姐妹俩苦着脸耐心地听完这些"长篇大论"，并试图从这些往事或与公司相关的事件中跳出去，来谈论一些她们自己对未来的设想时，魏先生都认为那些想法与公司的经营或发展无关，他不是一笑置之就是顾左右而言他。

对魏先生而言，公司所取得的巨大成绩一向最让他引以为傲。可是每次一想到没有一个孩子愿意，或者哪怕假装以积极的态度参与公司的事务，魏先生就感到很痛苦。他耻于在孩子和妻子面前承认他的感情受到了很大的伤害。他一直坚信，他如今所做的大部分事情，他努力奋斗的最主要的目标就是能让他的女儿们和她们的母亲可以凭着手中牢牢掌握的家族财富过上幸福的日子。而现在，他对女儿们越来越失望。他认定女儿们既不明白她们自己未来的幸福究竟在哪里，也没有从一个有社会责任感的角度考虑问题。

对如今家里的情况，魏太太感到左右为难。她一方面明白这是丈夫的执念，但另一方面，她又舍不得自己的女儿们受委屈。她只能一天天默默地关注着事情的进展，在心底暗自希望她的哪一个女儿有一天会被她们的父亲感动而改变主意。

看完这个案例，让我们来进行一些反思。

首先，当我们思考和谈论"家庭中"的沟通时，我们是否明白什么是"沟通"？沟通永远包括三个最重要的组成部分，即信息发送者、信息、信息接收者。假如信息发送者发送了他认为具有良好意图的信息，并认为这也一定是在信息接收者那里被打开的样子，那么，信息发送者就非常有可能与信息接收者陷入交流的误区。我们在很多情况下知道自己的意图，但我们其实并不能确定基于此意图与对方的交流可能对其产生的影响。

这是我们在沟通中的一个非常重要的"盲点"。我们出于善意的言辞或行为可能由于表达方式的问题对他人产生负面影响，而我们却丝毫没有意识到。在魏先生一家的案例中，魏先生心中承受着巨大的痛苦,但他在与女儿们的沟通中却并没有就他的痛苦做出正确的表达。换句话说,他在强颜欢笑中所表达的情绪与他真正想说出口的、需要交流和讨论的信息并不一致。而魏先生发送这样的消息只能让接收者(他的女儿们)感到更加困惑,进而产生误解。

其次,我们必须明白,在别人与我们的交流中,情况往往恰恰相反。我们知道对方的那些话语、表情和态度对我们正产生着怎样的负面影响,但我们其实未必明确对方这么说与这么做的意图。

魏先生没有太多的业余爱好,经营公司几乎已经成为魏先生生活中的重中之重。只有聊起与公司相关的事情,才能让他谈兴大发。可在家里,魏先生每次看到女儿们皱着眉头强忍着不打断他有关公司发展和重要性的长篇大论时,他每次"蜻蜓点水"地试图讨论公司的未来却在女儿们脸上看到茫然的表情时,他的心都被深深地刺痛了。他认为女儿们对公司的业务和成长历史漠不关心,所有的"听话"都只是迫于她们母亲的压力而强自忍耐。但其实女儿们并不反感父亲谈论那些险象环生的辉煌历史,她们也明白公司的重要地位,关心公司未来的发展,她们反感的只是父亲不顾她们的个人意愿,强迫她们接班而已。她们虽然一直都能感受到父亲对她们的爱,但在一次次的沟通尝试失败之后,在母亲充满哀怨的眼神里,她们也越来越不相信父亲会认真对待她们的想法,也随之开始反感父亲一切跟公司有关的"说教"。她们怀疑父亲在餐桌上的种种表现都是变相地要她们熟悉公司业务,进而同意接班。

我们通常认为自己的意图是好的。但反过来说,如果对方说的话或做的事让我们受伤，我们往往认为他的意图也是负面的。我们在心理学中称其为"归因错误"：将好的意图分配给自己，将消极的意图分配给对方。

在家庭成员之间的沟通中，每个人，包括父母、子女和孙辈都有自己的愿景和兴趣。在家庭中要营造每个人都可以畅所欲言的"安全"环境，只有这样，家庭才能通过这些对话变得更强大。

如何营造安全的沟通环境呢？我们在后文中将讨论"家庭协调人"的重要作用。

> **第五项修炼进阶习题库**
>
> 　　第五项修炼进阶习题库通过提出问题并帮助大家寻找问题的答案，达到解决问题或改进现状的目的。我们建议你找出以下问题的答案。这将会对改进家庭内部的沟通产生积极影响。我们对以下问题的回答会在本书中揭示。
>
> 　　在关于继承、资本和遗产等微妙或敏感主题的对话中，家庭内部的或外部的"协调人"会产生一些什么样的积极作用？

第六章

谈话的技术

一、协调人的作用和"发现实验室"

在前文中,我们简要讨论了在家庭中可以做些什么来发展家庭和个别家庭成员的冲突管理能力。在上一章中,我们重点探讨了家族内部在沟通重要问题和进行决策时容易忽略的盲点以及这些盲点可能引发的种种误解和误判。那么,这一章就让我们来聊一聊在家庭中可以做些什么来发展家庭成员的沟通能力。毕竟,与冲突管理一样,在沟通中我们也可以尽量避免言语交谈中的误解和误判。原因很简单——预防胜于治疗。

正如我们在魏先生一家的案例中所看到的,家庭系统中破坏性的沟通模式往往经过多年(有时甚至是几代人)的发展,并成为一种让大家习以为常的家庭文化。具体到这一家人的行为表现,我们可以发现魏先生和女儿们之间既存在着在讨论"接班"问题时的埋怨指责型沟通,也有魏太太插手以后,父女之间在回避矛盾时彼此"顾左右而言他"的迁就讨好型沟通。而当这些错误的沟通模式嵌入到这样一个家庭的日常行为体系中时,这些模式就会一天天地加固,从而变得更加难以改变。

良好的沟通是实现家庭和谐的最佳保证。这就是为什么我们主张在发展建设性沟通的家庭文化时采取预防为主的方法。

我们在家庭中可以学会关注积极沟通的那一面,并以健康和开诚布公的方式处理家庭中遇到的沟通问题。家庭成员可以从建立一个自下而上的开放式沟通渠道入手,在这个过程中,家庭成员在孩子很小的时候就应该练习以建设性的风格展开沟通。这些技能的发展不仅有助于家庭内部信息交互的畅通,也有助于孩子们健康的自我意识的形成和更广泛的社交技能的锻炼。这些方向上的提升会为他们日后事业的可持续性成功保驾护航。

在日常生活中，我们可以把对小问题的处理看作我们家庭内部有关沟通的最佳实践机会。日后，这些被经年练习的有关开放、透明和以同理心沟通的技能可以用于对敏感问题的讨论，例如家族企业的资产继承或者谁最应该加入公司并管理公司。一个具有开放式沟通文化的家庭将能够更好地建设性地共同解决困难和微妙的问题。

了解了以上要点，我们可能会在头脑中产生一个新的问题。回到魏先生一家的案例，我们注意到有关敏感问题的冲突已经产生，并且有着逐步累积和加剧的可能。那么，在这种情况下，我们又该以什么样的思路帮助魏先生一家解决现有的问题呢？让我们逐一来讨论以下要点。

1. 要重视协调人的作用

我们已经反复强调了反思和反馈对于家庭和个人在沟通上进行学习和提升的重要性。在这个学习过程中的一些特定的时间点里，相关的"指导"或"引导"可能对许多家庭来说都非常有价值。这不仅仅是因为在新时代我们需要新的沟通和互动形式，更是因为在家庭沟通中，我们确实需要有人从相对客观的角度来看待我们的问题，帮助家庭成员进行反思。

第一，协调人可以来自家庭的内部和外部。

在魏先生一家的案例中，协调人原本是可以由魏太太来担任的。但是她在过去的那些年里显然已经做了多次的尝试，却没能取得让大家满意的结果。

那么，在如今这种情况下，我们不妨试一试雇用来自家庭外部的、具有专业冲突调解知识和技能的家族事务冲突（沟通）协调人。

在多年的实践中，我们确实观察到协调人在很多有关家族事务的讨论场合中发挥着举足轻重的作用。这中间大家容易产生一个误解，认为协调人不过就是一个"传声筒"，把魏先生的观点转述给女儿们，再把魏太太和女儿们的观点转述给魏先生。但我们多年的咨询和调解经验告诉我们，当我们走入很多像魏先生家这样的家庭，所接触到的第一个棘手问题就是：家人们因为日积月累的矛盾和对彼此价值观的不认同，已经无法顺利进行沟通了。

我们在前文中提到过沟通的"三要件"：信息的发送者、接收者以及信息本身。但我们发现，无论是魏先生这一方，还是女儿们这边，大家都已经很难敞开心扉向对方表达自己内心的真实感受，因为他们以往的尝试都一次次地让他们确认，在家庭内部发表不同意见的结果只能是冲突、曲解和反反复复的争辩。而困难不仅在于他们中的任何一方都不能再很好地表达自己，更在于他们都已经(暂时地)失去了聆听彼此的能力。基于双方过往有关"是否接班"问题产生的冲突的影响，以及"是否接班"这一问题在家庭事务讨论中的支配地位，女儿们所表达出的任何与父亲相反的观点，都会被父亲以非常敏感的方式捕捉到，并在"她们竟然不愿意接班"的语境中被充满情绪化地放大。反之亦然。父亲对公司和家族事业的任何讨论也往往被女儿们解读为："他又来了！又在拐弯抹角地试图说服我们接班。"

所以，我们在引入外部协调人的时候，首先应当明确我们的共同目的是解决或至少局部解决（淡化）已有的矛盾，提升家庭内部沟通的有效性，并制定行动方案为今后类似问题的解决提供指引。

第二，协调人与有关家庭成员的谈话要细致安排。

家庭成员可以选择与外部的冲突（沟通）协调人进行一对一的谈话或者是一对众的交流。在一对众的交流中，家庭成员可以选择全体出席或者是再次对家庭成员进行分组。分组的条件可能是相同的辈分、一致的价值观和相关的利益方。

在魏先生一家的案例中，由于魏先生本人处在家庭风暴的中心位置且对事件的发展起决定性作用，我们会建议先由协调人跟双胞胎女儿进行沟通，再由协调人安排会议分别与魏太太和魏先生谈话。

从时间角度讲，每次一对一的谈话通常限制在1.5小时内比较合适。最初的几次谈话中，家庭成员往往有很多积压已久的情绪需要宣泄，在这种情况下，可以把时间适当延长。在一对众的交流中，每次会议时间的长短受家庭事务矛盾的深度、烈度以及家庭成员关系的牢固程度等因素的影响，通常为半天、一天甚至是一个周末的时间。而这种长达几天（几次）的家庭内部有关沟通的会议，也有个有趣的名字，叫作"发现实验室"。

第三，家庭成员与协调人一起努力。

很多家族企业的创始人和接班人都对引入外部专业协调人有着这样或者那样的顾虑。而一旦他们突破了"心防"决定雇用专业协调人，他们又往往会走向另一个极端。有些人会认为引入协调人这一行动本身就已经是他们付出了巨大努力的表现，从此自会"万事大吉",而他们除了参加例行会议,也不需要额外做任何事情了。也有部分家庭成员会想当然地把所有困难的沟通工作都交给协调人去做,毕竟"难啃的骨头要由专业的人来啃"。

但事实上,这种"发现实验室"是一种在协调人的引导下,由家庭成员参与的集体深度思考活动。通过反思,可以激发家庭互动,探索每个家庭成员的兴趣、愿望和感受,以及每个人参与沟通和家庭决策时的思维模式与倾向性。此外,家庭成员还会在"发现实验室"中学会以建设性的方式处理自信(自卑)和同理心之间的对立、依存关系。而这通常需要父母辈和孩子一辈都学会清晰地制定并表达自己的愿景。

2. 教育是培养优秀继承人的前提

协调人在"发现实验室"中通常还会引导父母和子女认识到,在家庭中有关继承人的教育不能局限于对子女本人,而是应该扩展到整个家庭,我们称之为"家庭学习"。

在下一节中,我们将以魏先生一家为例,具体说明可以用何种方式帮助他们逐步解决目前的问题。

> **第五项修炼进阶习题库**
>
> 第五项修炼进阶习题库通过提出问题并帮助大家寻找问题的答案,达到解决问题或改进现状的目的。我们建议你找出以下问题的答案。这将会对改进家庭内部的沟通产生积极影响。我们对以下问题的回答会在本书中揭示。
>
> 为什么要强调"耐心"与"勇气"是家庭沟通与家庭学习的重要部分?

二、"发现实验室"里的"软问题"与"软答案"

管理企业是一件很复杂的事情,这是我们通常的认知。而管理家族企业更复杂,因为这涉及家族成员形形色色的角色冲突。因此,在管理家族企业之外,家族还需要学习并持续训练如何管理家族自身。

在其他类型的商业组织中,各种监管机构、规章制度和角色定位都非常清晰明了。然而,在家族内部却并不存在类似的安全网和指导规则。我们之所以不断地强调家族内部也需要建立常规化的、健全的、公开透明的沟通机制,就是因为家族成员也需要一个途径或平台来使他们的观点能够有机会传递到更上层。随着家庭规模的日益扩大,如果没有指导方针和流程,家族上下的"团结一心"将变得异常困难。

就像我们在魏先生一家的案例中看到的,虽然理想的家庭是充满爱与亲情、尊重和信任的,但现实中怀疑和争吵常常发生在各个家庭成员之间。我们在家族内部冲突调解的案例中经常会遇到的情况往往没有多么复杂,就是一方家庭成员觉得自己的意见从来没有被其他人"听见"。正如魏先生的女儿们在情绪激动的时候向她们的父母大声喊出的那样:"你们从来不用心听我说!""你眼里只有公司,从来没有我们!"——要知道很多看似微不足道的表情、言语交流或行为暗示,日积月累下来都可能导致大爆发。家庭成员的情感受到伤害,他们觉得自己正经受的痛苦丝毫没有得到家族成员的重视或承认。于是他们停止交谈，更不用说齐心协力地工作了。

令人感到棘手的是，这种看似简单的、由情感受伤所引起的冲突反倒很少是能说出个对与错的。在绝大多数的情况下，冲突的根源甚至不能被归结为金钱或者其他与自身利益相关的问题。与我们大多数人的认知不同，那些与金钱相关的"硬问题"反倒更容易被大家识别并理性对待。正如魏先生一家的案例所表明的，魏先生期待自己的女儿们（至少有一位）能够接班经营家族企业，而他的双胞胎女儿却都有各自感兴趣的事情，对明显能给她们的未来生活带来保障的公司经营并不感兴趣。父亲认为女儿们不理解他对事业的执着与追求，孩子们认为魏先生丝毫不尊重她们的个性与爱好。我们之前的大量研究也表明，家族或家庭内部的冲突很多都是源于一系列与此类似的"软问题"。

"软问题"以情绪为基础，例如受伤的感觉或愤怒。造成这些"软问题"的原因似乎是无关紧要的。谁对谁错，以及痛苦是有意还是无意造成的，也不重要。重要的是某人的感情受到了伤害。一旦伤害发生，时间越久，"伤口"就越难愈合。不喜欢、不信任和不尊重的气氛会在家庭日常沟通中占据上风。长此以往，家庭关系往往受到不可挽回的损害，并且会使任何有建设性的讨论都成为不可能。

那么，为什么会出现这种情况呢？

我们要认识到，在中国"以和为贵"的文化传统的影响下，在强调家族和谐这样一个大背景中，由某个家族成员所独有的一些个性化问题或者特殊需求的重要性往往被低估，很多争议的紧迫性也常常被忽视。勇于提出问题或者不同意见的家族成员也很容易被扣上"夸大问题、放大矛盾、不敬长辈、不顾大局"等诸多"帽子"。以往历次的事实（情绪）A被忽视带来的情感的郁积，使得某一或某些家族成员会下意识地以激烈地反对事件B而进行反击和宣泄。若非其他家庭成员洞若观火地近身观察或者由第三方顾问抽丝剥茧地仔细询问，家族中冲突的双方就会永远停留在事件B上反复拉扯、争论，更不用说解决事实（情绪）A这一冲突的缘由了。

既然基于"软问题"的冲突源于某位家庭成员的情感受到了伤害，那么解决方案其实就是家庭成员承认这样的伤害的存在，给特定的家庭成员宣泄感情的机会，并一起承担、接纳这些曾经的伤害造成的后果。

在体量庞大且有家族文化、历史沿革的家族中，家族往往已经创建了这样或那样的家族治理结构，例如各种形式的家族大会、家族理事会，或者通过制定家族章程来规范继任、红利分配和管理等关键事务的解决流程。

而在像魏先生家这样规模比较小的家族中，又该以何种方式打开沟通和解决问题的大门呢？

这就是我们在上一节里谈到的"发现实验室"的作用如此重要的原因。

"发现实验室"适用于中小规模的家族（家庭）。3~5人的小规模也可以，20余人的中等规模也能顺利运行。

现在，让我们来一起扮演魏先生一家的"协调人"这一角色，模拟一下在他家的"发现实验室"中可能会发生的事情，并一起来练习该怎样帮助他们一起寻求这个"软问题"的"软答案"。

　　作为协调人，我们首先应该帮助魏先生一家人明确的是：每个家庭都应该有一套与沟通相关的"软规则"。"软规则"是关于家庭成员如何互动和相互影响的一系列期望。当"软规则"被违反时，人们会感到不安、紧张、失望或焦躁。这些"软规则"可能是明确的、由家庭成员全体同意并落实在纸面上的；也可能是不明确的，但经由家族成员共同默许，并同意用它来管理和约束家族成员的行为。我们可以举两个简单的例子：在言语沟通非常自在随意的家庭中，可能会制定一条规则要求家庭成员不公开对另一家庭成员的外貌进行贬低；在有影响力的家族中，可能会制定一条规则要求任何家庭成员都不应向有影响力的大众媒体透露其他家庭成员的隐私。

　　"软规则"通常具有以下关键特征。首先，它们基于情感和价值观，强调家庭成员彼此尊重和公平对待。其次，它们因家庭而异，并受到家庭和更大社会的规范和惯例的影响。

　　作为外部协调人，经过与魏先生家所有成员的一对一深入交谈，我们认为，魏先生一家之所以爆发了冲突，正是由于他们出现了违反"软规则"的行为。

　　由于"软问题"是由情绪引起的，所以它们以不同的方式表现出来。性格内向的家庭成员可能很少说出来，直到他们的情感浮出水面并爆发。其他人可能会通过不自知的推波助澜的行为使问题进一步恶化并造成无法估量的损失。认识到这些情绪是维护家庭"软规则"和管理违规行为、避免冲突的第一步。

　　在魏先生家，我们观察到对"软规则"的违反主要体现在以下几个方面。

（1）信任和尊重的缺失。魏先生和女儿们都曾努力尝试就"接班"这一问题与对方沟通，但之前的几次尝试都以双方爆发激烈的争吵而宣告结束。随着时间的推移，这个问题不但没有得到解决，反而进一步加剧。终于，魏太太丧失了信心，认为这个问题在自己家里根本讨论不出个结果，于是她禁止了"接班"这个话题再在她的餐桌上进行讨论。可这之后，因为信任与尊重的持续流失，女儿们认为父亲说的每一句话都有诱导她们接班的意图，而魏先生对女儿们也越来越失望，认为她们根本不把自己的父亲放在心里。

（2）价值观的冲突。魏先生认为长辈给晚辈的安排永远是最稳妥的。女儿们却认为人生的路总要自己去趟一遍。父亲坚持家族企业永远要掌握在"自家人"手里，而女儿们却相信引入职业经理人代替她们管理公司才能让父亲一手创办的企业基业长青。魏先生认为女儿们不顾家族利益的大局，女儿们认为发展自己的兴趣爱好，过有意义的人生远比那些"大局"重要得多。

（3）对不同的人生经历缺乏理解。魏先生一家人因为各自生活经历的不同而造成了很多误解。在魏先生和魏太太创业的一段时间里，女儿们被送去国外读书，家庭成员分散到不同的地方，使得彼此经历中的交集非常有限。等到魏先生意识到了这一问题，开始有意识地与孩子们分享他早期创业的经历时，孩子们又因为抗拒父亲的接班要求而怀疑父亲分享的动机，从而不愿意深入地了解父母亲的那段经历。女儿们对父亲一直引以为傲的创业经历表现出的漠不关心也给魏先生造成了情感上的伤害，并使两代人之间的关系更加紧张。

（4）性格不合。人格冲突经常出现在企业管理和家庭内部沟通中。一些家庭成员可能善于分析，比如魏先生结合自己的经历，考虑女儿的未来，权衡利弊，苦口婆心地为女儿们解释由她们接班的种种好处。而另一些家庭成员可能更倾向于凭直觉行事，也并不介意在"脑子一热"的情况下做决策。比如魏太太对冲突的态度就是一个例子。她明知有关接班这个问题的冲突虽然很难调和，但总要得到解决，可为了维护家庭的表面"和谐"，她仍采取了让大家都"闭嘴"这一简单粗暴的回避冲突的做法。

在下一节中，我们将继续以魏先生一家为例，以"协调人"的身份帮助他们逐步解决问题。

第五项修炼进阶习题库

第五项修炼进阶习题库通过提出问题并帮助大家寻找问题的答案，达到解决问题或改进现状的目的。我们建议你找出以下问题的答案。这将会对改进家庭内部的沟通产生积极影响。我们对以下问题的回答会在本书中揭示。

已经制定好的"软规则"必须是一成不变的吗？

三、"发现实验室"里的"软规则"

家庭需要管理他们的"软规则"。虽然在家族企业或家族本身规模比较小的时候，建立这种"软规则"的必要性可能不太明显。

但随着家庭的成长和成熟,这种需求会变得日益迫切。因此,尽早建立必要的"软问题"与"软规则"的系统管理体系,既是明智的也是更容易的。

"软规则"通常为所有家庭成员所理解,尽管它们可能不会受到同等重视,因为它们是隐含的。虽然家族的这些"软规则"貌似代代相传,但现在可以接受的东西可能会在以后受到挑战。一个家庭的创始成员和前几代人可能已经内化了这些规则,但后人可能不会以同样的方式理解或接受它们。一些成员可能会发现"软规则"不公平、有约束力或不合理,但可能不愿公开谈论其背后的传统和价值观。毫不奇怪,我们通常会发现一个家族成员对他们家族的"软规则"的违反经常在暗中,而不是公开地唱反调。

当违反"软规则"并且某人的感情受到伤害时,如果问题得不到解决,就会产生不和谐和冲突。家族企业的一个基本特征是其成员不能像公司员工那样轻易地选择退出。这就增加了问题恶化的风险。有鉴于此,我们更需要做到的是利用一切机会,包括之前我们提到的"发现实验室"的一系列沟通机会,来一一澄清"软规则"。

由于家庭事务和商业事务之间的界限很模糊,阐明家庭的"软规则"对于避免冲突至关重要。让家庭成员认识到制定这些规则的重要性并不总是那么容易。除非每个人都理解并愿意遵守,否则违规的行为将继续存在。违反"软规则"也必须承担后果,并且必须清楚地传达和理解这些后果。"软规则"的系统管理体系至少应包括以下三方面的内容。

规则的阐明:家庭需要一份宽松的章程,阐明其"软规则"的明显和更微妙的方面。其中一些比其他的更容易识别、管理和执行。

物质利益：薪酬、公司福利以及家庭房地产和其他资产的使用需要明确规定。即使是较小的利益，例如差旅费、俱乐部会员资格、额外的教育机会等，也可能成为冲突的根源。

权利和自由：在这些问题上表达和达成一致要困难得多。家族成员何时可以进入家族企业？他是否有在家族企业之外追求商业利益的自由？婚姻——无论是时机还是选择伴侣的自由——在很多社会中都是特别令家族成员困扰的问题。在这些非常敏感又极具个人色彩与考量的问题上，家族成员们都需要拥有一些沟通的智慧，以耐心的方式沟通，并鼓励相关的家庭成员勇敢地表达自己。

第五项修炼进阶习题库

第五项修炼进阶习题库通过提出问题并帮助大家寻找问题的答案，达到解决问题或改进现状的目的。我们建议你找出以下问题的答案。这将会对改进家庭内部的沟通产生积极影响。我们对以下问题的回答会在本书中揭示。

在魏先生一家的案例中，面对矛盾和冲突，谁该以"一家之主"的身份挺身而出，以耐心的方式沟通，并鼓励家庭成员勇敢地表达自己呢？

四、"发现实验室"中的家族治理（一）

建立一个专业的家庭治理流程，在沟通的过程中共同努力，形成合力，需要家庭成员对家庭和谐和家庭的可持续发展有长远的眼光。这不仅是家庭动力存在的基础,更是家族事业持续发展的动力之源。我们认为"发现实验室"就是一个适用于中小规模的家族(家庭)进行家族治理的动态平台。

针对魏先生一家的情况,在"发现实验室"正式开始之前,作为家庭事务协调人,我们做的第一件事也是最重要的一件事,就是通过与魏先生、魏先生的女儿们,以及魏太太这三方的协调,把魏太太拉回到家庭内部沟通的平台上。

由于之前在家里有关女儿们接班的沟通都是以争吵和彼此冷漠、疏远为代价,魏太太夹在丈夫和女儿们之间一直左右为难,所以在我们与她沟通之前,她已经对解决这个问题心灰意冷,并禁止一家人在饭桌上再谈这个问题。

在"发现实验室"开始之前,我们通过三方沟通,让魏先生和女儿们都认识到他们之前的种种"热战"和"冷战"已经对魏太太的情感造成巨大伤害,而且这种伤害还在进一步累积,并已经对魏太太的身体状况产生不良影响。有鉴于此,在我们的帮助下,魏先生和女儿们就以下几点达成了共识。

(1)在家庭沟通中,基于文化传统,某种程度上的不平等是可以被家庭成员接受的。例如,一般情况下,女儿们不在公共场合与长辈顶嘴。

(2)一家之主被允许提高他的声音或在争论中禁止某人或所有人说话。我们在三方沟通中明确了魏太太一家之主的地位,即魏太太有权在冲突升级之前发出"禁令"。在后续的有关接班问题的讨论中,如果魏太太认为其中一些是常识和礼貌的问题,则家庭其他成员应予以接受。

（3）在"发现实验室"里，家庭成员可以通过示例制定其他禁止行为的综合清单。虽然我们每个人都意识到清单上承载的内容将永远无法涵盖所有可能发生的违反家庭规范的行为，但这份清单的存在可以增加魏先生一家对潜在的冲突来源的敏感度。

（4）除非另有规定（如第二项规定了魏太太的特权），否则所有家庭成员都必须遵守相同的标准，并因违规而受到相同的处罚。

这里需要指出的是：家庭内部的不平等待遇（例如一家之主或"禁令"的持有者有更大的权力）通常源于性别、创始人地位、长子继承和其他代际因素，或特定个人的金融资产、对企业或对家庭的贡献，在某些情况下也可以基于个人成熟度、家族企业以外的商业利益或公众形象。当然这些条件都不是一成不变的，可能会随着时间而改变。而我们之所以把性别放在第一位，也是想强调大部分的女性家庭成员基于自身性格、沟通方式、个人经历等原因而更适合担任对协调能力要求非常高的角色（一家之主或"禁令"的持有者）。

在魏先生一家的案例中，我们认为魏太太适合担任这一角色是有多重原因的。

一是她是魏先生一路创业的陪同者，见证了魏先生从默默无闻到事业崛起的全过程。二是她愿意尊重女儿们的想法，与丈夫和女儿们两方都没有大的矛盾，彼此间的沟通频繁、渠道畅通。三是魏先生和女儿们都深爱并敬重魏太太，在三方沟通中都明确表示意识到过去自身行为的不妥之处给魏太太造成的伤害，并承诺做出改变。四是无论是魏先生还是女儿们，都认为她的立场一直比较中立，比较不偏不倚。第五个原因也是最重要的一个原因，即魏太太自己对父女双方达成一致或找出和解方案有着强烈的意愿,并愿意为之付出努力。其实她在此前就已经做出了不少努力,只是没有达成她希望的结果而已。

在魏先生一家人真正进入"发现实验室"之后,作为协调人,我们强调的第一件事就是家族中的"软问题"其实是最难处理的,而投资于家庭沟通文化是有代价的,不能以我们日常所熟悉的"效率"这一尺度来衡量。要处理"软问题"就要注意给家人交流的机会,用平衡的方式进行沟通。

"发现实验室"是全家人一起学习如何建设性地处理冲突和复杂敏感问题的平台。这项学习需要各位家庭成员明确地投入时间和精力。而是否有时间和精力进行这样的"投资",通常是富裕家庭会面临的问题。许多家庭成员必须克服他们在企业经营中养成的热爱和追求"效率"的心理,放下他们对情感表达中各种直抒胸臆的厌恶和不耐。虽然这些喋喋不休在他们的日常工作中可能被视为浪费时间,但在"发现实验室"这一特殊场合,温柔而坚定地捍卫家庭中每一方的表达权的重要意义是不言自明的。

但是,知易行难。

我们在实务中发现,最难敞开心扉的通常是家族中的"一把手"和平时被大家忽视的那些家族成员。"一把手"擅长侃侃而谈,但是能说"场面话"并不意味着把真实的自己、自己的需求和真实的感受暴露给所有人。让他们学会放手,鼓励他们在某种程度上放弃控制,把自己的弱点摆在桌面上和大家分享,不仅非常困难,其结果也会让参与"发现实验室"的家族成员感受到一种震撼。

在谈到如何在说话时保持平衡时,我们首先请各方依据自己的行为和了解对以下各项中自己能做到的项目打钩，并据此思考自己过去的沟通行为是否做到了平衡。

（1）是否能做到至少在一部分时间"以听为主"？

（2）是否认为耐心地倾听就是理解对方的真实含义和感受？

（3）是否牢记每个人都有值得倾听的声音？

（4）是否既说话，又有足够的时间保持沉默？

（5）是否既表达欣赏，也提出批评和挑战？

（6）是否抱着认真的态度，还尝试着加上些许幽默和风趣？

具体到魏先生一家的情况，我们特别强调了开展以下的"平衡对话"（不是平等对话）的重要性。

帮助双方想清楚是什么束缚了他们的想法，让他们难以平衡地讨论过去、现在和未来。

从20世纪80年代开始执行的独生子女政策在三十年后滋生出一个可能是中国所特有的问题，而这个问题让家族企业传承中可能爆发的矛盾更为尖锐。无论是家族企业中的父辈（创始人）还是子女一代，他们似乎都别无选择。父母只能把企业留给这一个孩子，而唯一的孩子则貌似只能选择接父母的班。

我们向魏先生明确传达的信息是：就像发展事业一样，传承也并非一蹴而就的事情。一个完整的过渡可能需要很多年才能完成。作为创一代的魏先生要放下英雄情结，接受老去的事实。他对传承要有一个清醒的认识，要意识到即便女儿们愿意接手企业，他也需要腾出时间来慢慢放权，帮助女儿们逐步成长并顺利完成接班。整个过程绝不是女儿们的一句"我愿意"便能开始并顺利结束的。

第六章 谈话的技术

虽然每一位家族企业的创始人最初都是抱着良好的意愿开始传承的，但是麦肯锡统计数据却残酷地表明：全球家族企业的平均寿命只有 24 年，仅有不到 1/3 的家族企业可以顺利地传到第二代，能够传到第三代的不足总量的 13%，只有 5% 的家族企业在三代以后还能够持续为股东和家族成员创造价值。我们经常挂在嘴边的诸如"富不过三代""做生意的老子，花花公子的儿子，要饭的孙子""一代创，二代守，三代耗，四代败"等，不仅是俗语、老话，更是残酷的现实。

在"发现实验室"里，我们给魏先生机会，让他着重分享对以下问题的想法：魏先生想要传承给女儿的到底是一份产业，还是一份安稳富足的生活？

反观魏先生的女儿们，她们是在全球化和互联网环境中成长起来的 80 后、90 后的代表。这个群体有着比父辈更广阔的国际视野，有着与父辈不同的知识体系。因为不同的成长过程，魏先生的女儿们有着与父亲差异极大的价值观。父亲认为他亲自安排女儿们的未来才最为妥当。女儿们却认为人生的路总要自己去闯去"创"。父亲之前一直坚持家族企业永远要掌握在"自家人"手里，而女儿们却认为引入职业经理人代替她们管理公司，让有兴趣的人做感兴趣的事才能让父亲一手创办的企业基业长青。

作为老一代创业者，魏先生当初一无所有，为了企业能赌上一切，年轻的时候拼命赚钱，如今疾病缠身。面对自己辛苦打下的江山，他认为女儿们不顾家族利益的大局，没有长远眼光。而女儿们从很小的时候就生活富足，没有物质匮乏的体验。她们对待人生、事业和财富的态度，与父辈截然不同。她们生活和事业的核心驱动力变成了兴趣，创业时能进则进，享受过程。生活中她们发展自己的兴趣爱好，注重平衡工作与生活。她们既懂得享受人生，又不要做垮掉的"坑爹族"。她们认为过有意义的人生才是有"长远眼光"，而这些也远比父亲眼中的"大局"要重要得多。

"发现实验室"给魏先生以机会传达他的生活经验和对下一代的期许。同时，也给女儿们说出自己想法的机会。在"发现实验室"中，作为协调人，我们尤其要提醒各位家庭成员不应假设年轻的家庭成员会简单干脆地接受长辈的安排。

在下一节中，我们将继续以魏先生一家为例，以"协调人"的身份帮助他们逐步解决问题。

第五项修炼进阶习题库

第五项修炼进阶习题库通过提出问题并帮助大家寻找问题的答案，达到解决问题或改进现状的目的。我们建议你找出以下问题的答案。这将会对改进家庭内部的沟通产生积极影响。我们对以下问题的回答会在本书中揭示。

对冲突的核心问题，我们该如何寻找可能的匹配或相似之处，并尊重彼此的差异？

五、"发现实验室"中的家族治理（二）

通过"发现实验室"这一平台，魏先生和妻子、女儿们在协调人的参与下进行了长时间的沟通。魏先生和女儿们都说出了各自的想法。作为协调人,我们一方面要提醒长辈们不应假设年轻的家庭成员会简单干脆地接受长辈们的安排,另一方面也与年轻一代沟通,让他们有更多的机会理解长辈们的一些看法。

作为协调人,我们要注意在"发现实验室"中平衡家庭成员的说话时间。我们请每个人都发言,因为每个人的声音都值得一听。这期间我们尤其积极地邀请魏先生的二女儿参与讨论。相对而言,她是一位安静的家庭成员。我们请她发表意见,同时邀请在之前的沟通中一直占据主导地位的家庭成员们认真倾听。

在"发现实验室"的第一阶段,**我们帮助各位家庭成员想清楚是什么束缚了他们的想法,让他们难以平衡地讨论过去、现在和未来**。魏太太一心想要保持家庭中的和谐氛围,对激烈的反对意见和争吵尤其敏感。魏先生心心念念让女儿们接班,他认为女儿们继续他这份很有意义的事业和工作是一件理所当然的事。女儿们不愿意自己的未来由别人(哪怕是自己的老爸)来安排。哪怕那份安排在老爸眼里多么稳妥,她们也想在自己的人生中能够有"试错"的机会。

在"发现实验室"的第二阶段,我们鼓励各位家庭成员敞开心扉,**谈一谈他们对什么引以为豪或难以忘怀,或有什么事的发生曾让他们感到羞耻、后悔或不安**。

魏太太谈到了自己丈夫的事业,自己培养女儿的心得。在她看来,全家人的身心健康是她最看重也是最让她曾经骄傲,而现在却感到不安的一点。双胞胎女儿们的答案出现了些不一致。大女儿天资聪颖、性情奔放、做事果决。她最难忘的是母亲这么多年来对家庭的付出。她自己正计划创办公司,她认为自己之前在专业上取得的成绩令她最为骄傲。小女儿打算找一家非营利机构开始她的第一份工作。她的感受更细腻敏锐，她回忆了之前和爸爸妈妈去探望爷爷奶奶的一段旅程，那是他们一家人为数不多的安静的共处时光。回程的路上得知爸爸因为长期热心社会公益而被授予了一项荣誉。全家人一起出席颁奖典礼的时候，她看见爸爸站在台上发言，那时的爸爸是那样风度翩翩，虽两鬓染白但仍意气风发地宣讲着他实业报国、造福社会的理想。那场景让她既难忘又自豪，而父亲当时的那番话也影响着她的职业选择。

魏先生最后一个发言。他说了什么让他骄傲，也聊了什么让他后悔。他骄傲他有一位至今仍美丽动人的妻子，还有一对正值大好年华的女儿。他骄傲他的女儿们是如此聪慧过人，并在学业上都取得了那样好的成绩。第一次，他在女儿们面前肯定了她们的能力。他坦诚地告诉女儿们："我一心一意让你们接班，首先是因为你们是我的女儿，但更重要的是在你们离开我们独自求学的过程中，我也看到了你们的能力。"女儿们暑期回来在魏先生朋友的企业中实习，这一全过程其实都被老父亲紧密关注。他肯定她们做得对、做得好的地方，并告诉女儿们她们这期间的表现完全超乎他自己的预期。他告诉女儿们管理实践中对人才的发现和培养往往是以小见大的。两个女儿继承了他对自己热爱的事业的那份投入。魏先生说哪怕从最客观的角度，他也觉得两个女儿的勤奋程度、心智和判断力都使得她们非常值得培养。

坐在"发现实验室"里的两个女儿非常惊讶于父亲今天对她们的称赞。魏先生之前从没流露过对她们的欣赏之情，更不用说类似今天这样格外的赞美。之前在家里，只有母亲才会一次次地对女儿们取得的成绩赞不绝口，每次都不忘向亲戚朋友大肆宣扬。而魏先生在得知消息的时候却总是淡淡地来一句："嗯。"偶尔说两个字："不错。"姐妹俩从来看不出父亲对她们取得的成绩有多么欢喜，甚至以后习惯了，也觉得这些成绩在父亲眼里应该都是理所当然的。在"发现实验室"里，她们第一次听父亲这么长篇大论地对她们表示肯定。姐姐说从没想到其实自己的每一步成长都在被父亲关注并肯定。然而，让她们更没想到的事情还在后面。

魏先生在协调人的帮助下，继续勇敢地在"发现实验室"里敞开自己。他说他虽然从来没说过，但他感到非常遗憾的事情是在女儿们还小的时候没能陪伴她们。他说他一直热心参与社会活动和各种公益事业，但有一次他出席活动的时候，被他资助上学的小女孩问到"那您的女儿上几年级啊"，他突然就"卡壳"了。他心里有个答案，但他在那一刻才发现他完全不确定那个答案是否是正确答案。魏先生一路步履不停，总在做他心目中认为对公司和社会最重要的事情。可从那一刻起，他才意识到他自己的家庭已经被他忽略到了何种地步。自那以后，魏先生一直在找各种机会参与女儿们的生活，可女儿们很快就长大了，之后不久就去国外学习了。女儿们在国外期间也一直只是跟魏太太视频。女儿们暑期回国在朋友的企业实习的时候，他"厚着脸皮"地争取了几次跟女儿们交流的机会。但家里的这三个女人这么多年已经形成了一个紧密的圈子，因为这个家庭已经在几乎完全没有魏先生参与的情况下"正常"地运转了很多年。

他看着协调人的眼睛，跟她解释着为什么他非要一而再、再而三地要求女儿们接他的班。除了他想把一生的心血留给自家人的一点儿"私心",除了他对两位女儿能力的认可,其实还算是完成了他个人的一个小小的心愿。他觉得如果女儿们同意接他的班,他就能够名正言顺地参与女儿们的成长。他想通过"接班"一路辅助他的女儿们,帮助女儿们在管理企业的初期少犯错误。他认为他一定有机会在其中贡献一份力量,同时弥补他长期以来的遗憾。

在"发现实验室"的第二阶段的最后时刻,房间的各处都响起了哽咽的声音。

在"发现实验室"的第三阶段,作为协调人,我们引导沟通的主题是对冲突的核心问题(接班)寻找可能的匹配或相似之处,**并尊重差异**。

在这里我们想强调的是,有些家庭事务协调人容易走入一个误区:为了向家庭成员们证明其雇用外部(第三方)协调人这一决定的正确性,协调人急于在"发现实验室"里突出自己的作用,全程主导家庭成员们的谈话。

但我们多年在家庭冲突调解实务中的做法是:在第一阶段的时候适度使用沟通方法和技巧划定家庭成员之间谈话的走向和范围;但在第二阶段顺利开展之后,就尽量淡化协调人的存在,只在发现谈话失衡的时候展开适度的引导。

我们之所以一再强调引导要"适度",就是因为我们相信绝大多数委托人(无论是创一代还是创二代)自身的认知水平和能力。很多时候家庭内部产生的激烈矛盾都是基于"一叶障目",或者是某种情感上的阻隔不畅逐步累积升级的结果。但是,当家庭内部沟通的渠道畅通了,家庭成员通过参加几次"发现实验室"彼此恢复信任和尊重了,我们就会发现,通常人们认为最困难、最花费精力的"发现实验室"的第三阶段,即核心争议的解决,在很多时候,反而是水到渠成的事情。

在这里还有一个问题需要注意,那就是家庭中每个人的个人风格。所以我们先来问问自己:通常情况下,我处理冲突的方式是什么?有哪些做得好?又有哪些毛病?

对冲突管理方式和行为进行分类的一种常用方法是"双重护理"模型(见图2.2)。这个模型基于"关注事件的解决"和"关注关系的建立"这两个维度。在协调人的干预下,冲突管理可以在两个维度上进行,即既从自己的视角出发关注冲突的解决,又关心彼此的关系,注重与冲突的另一方发展或保持良好的关系。图2.2中灰色的箭头代表从避免到解决问题的过程,我们称其为整合维度。这就涉及双方一起寻找新的整合解决方案的意愿和努力。

在下一节中,我们将继续以"协调人"的身份,运用冲突管理的"双重护理"模型来帮助魏先生一家逐步寻找冲突的解决之道。

第五项修炼进阶习题库

第五项修炼进阶习题库通过提出问题并帮助大家寻找问题的答案,达到解决问题或改进现状的目的。我们建议你找出以下问题的答案。这将会对改进家庭内部的沟通产生积极影响。我们对以下问题的回答会在本书中揭示。

在解决冲突的核心问题时,解决方案是否有可能存在于冲突之外?

六、"发现实验室"中的家族治理（三）

我们以"协调人"的身份帮助魏先生一家逐步解决问题。在"发现实验室"的第一阶段，我们帮助各位家庭成员想清楚过去是什么束缚了他们的想法。在"发现实验室"的第二阶段，我们鼓励各位家庭成员敞开心扉，谈一谈他们对什么引以为豪或难以忘怀，或有什么事的发生曾让他们感到羞耻、后悔或不安。在第三阶段，作为协调人，我们引导沟通的主题是对冲突的核心问题（接班）寻找可能的匹配或相似之处，并尊重每个人不同的沟通风格与冲突管理风格。我们提到要以"双重护理"模型（见图 2.2）来帮助魏先生一家找到当前冲突的解决方案。这个模型基于"关注事件的解决"和"关注关系的建立"这两个维度。

冲突管理的不同类型

结合上一节我们来看一下"双重护理"模型。在图 2.2 中，我们其实可以分析出五种冲突管理类型。让我们来看一看在魏先生家这个案例中，这五种冲突管理类型具体都有哪些表现。

（1）**强迫型**。这一类型的家庭成员通常拥有清晰的愿景。对他们而言，最重要的事情就是确保他们能够实现自己的想法或者他们单方面制订好的计划不会在其他家庭成员那里受到阻碍。在家庭关系，尤其是因为家庭重大问题沟通不畅而引发的冲突中，这一类型的家庭成员通常很少关注和照顾其他家庭成员或冲突另一方的利益和需求。他们看起来更在意"事情"本身的解决。相对而言，与冲突另一方的关系的维护经常被这种冲突管理风格的家庭成员放到次要的位置。

这一类型的家庭成员在冲突中会强调"你怎么觉得不那么重要，我怎么觉得才是重要的"。这种风格的家庭成员在冲突中往往会不断地把他们的观点输出给冲突中的其他各方，或者不断地拒绝其他人的想法，直到他们成功为止。采取这种做法可能是因为这一类型的家庭成员认为自己对事件的想法和决策不仅对自己是最优解，而且也适用于他人，并且很大的可能是对他人而言也是最佳方案。这也是他们源源不断地输出自己的观点并持续将其强加于人的主要原因。

总体而言，这是一种高度武断且几乎不考虑与对方合作的冲突解决方式。

在魏先生一家人的冲突升级之前，魏太太和女儿们抱怨最多的就是魏先生武断的沟通方式。每当两个女儿表达自己对未来职业生涯的构想的时候，如果这些构想与魏先生本人的企业业务不相关，他都表现得很没有耐心。在魏太太多次提醒之后，他稍稍收敛，但他那非常勉强的关心却让女儿们和妻子更为失望。

（2）**容纳型**。这一类型的家庭成员特别关注他人的利益和需求。在这一类型的家庭成员眼里，关系的维护与持续远比对某一个具体问题的争执不休更为重要。这就是这类家庭成员倾向于完全或部分容纳相关方的立场和观点的原因。具有这种冲突管理风格的家庭成员会放弃自己的需要或欲望，以满足他人的需要或欲望。这类型的家庭成员会把别人的想法放在自己之前。

当冲突中的一方家庭成员比其他人更想要保持和平，或者觉得冲突中的其他各方都"退无可退"，别无选择时，该家庭成员就会选择完全接纳其中一方或几方的观点，而放弃自己对这个问题的看法或权益主张。

"你快乐，我就快乐！"相比于我们下面会谈到的避免型，容纳型是一种高度合作而基本上不表现出武断的冲突解决方式。容纳型与之前谈到的强迫型在冲突管理上的表现是两极化的。

从魏先生一家的案例中我们不难发现，在有关接班的冲突爆发之初，魏太太采取的恰恰就是这种毫不犹豫地牺牲自己以成全丈夫和女儿们的做法。她既理解丈夫又理解女儿，既不会加入女儿们一方向丈夫施加压力，要求丈夫改变他的想法，也不愿和丈夫一道用母亲的威信和影响力逼迫女儿们屈从。可是，很遗憾，她在这场冲突中"委曲求全"的做法并没有缓解冲突本身，而是造成了冲突的积累以及冲突的一再升级。

（3）**避免型**。冲突，以及冲突所带来的危险和可能的损害会让这一类型的家庭成员不安，令他们不快。这一类型的家庭成员会想尽办法避免冲突以及由此而来的后果，原因通常是这类型的家庭成员认为自己在冲突中失去的很可能比得到的要多。简单地说，只要冲突的苗头稍一出现，这类家庭成员就会不断地推迟或完全回避冲突。"看不见就是没出现！"是对他们的冲突管理风格的最佳概括。

然而，这一类型家庭成员的（貌似）"漠视"行为不仅不会让处在矛盾冲突中的另一方觉察到他/她在冲突中受到关注，反而会使冲突累积，并很可能进一步激化。因此，这种冲突管理风格也就谈不上什么关系的改善。其实对于这一类型的家庭成员自身而言，不排除一种可能性，即虽然那些改善关系的想法也许在他们的脑海中盘桓过很久，但这些思想上的重视并没有被他们反映在行为中。相比于强迫型，避免型采取的是一种既不合作也不武断的"搁置争议"的冲突解决方式。

在魏太太对解决父女之间的冲突做了最初的尝试之后，也选择了采取这种鸵鸟政策。

作为协调人，我们在与魏太太的沟通中明确地指出，她回避冲突的态度并没有让家里长期存在的问题得到解决。随着时间的流逝，魏先生与女儿们之间有关接班问题的冲突非但没有消失，反而逐步激化了。魏太太也承认，因为家里有关接班的矛盾一直"暗流涌动"，家里的气氛由"热战"变成"冷战"，由"剑拔弩张"变成"虚假和平"。她一路看在眼里，虽然嘴上忍住不说，但心里却承受了极大的痛苦，最终转化成身体上的疾病。正因为如此，我们在"家庭实验室"开展之前的三方沟通中就旗帜鲜明地确立了魏太太在家庭冲突中类似于"裁判"的地位，即我们赋予魏太太在冲突升级之前发出家庭"禁令"的权力，从而给冲突中的各方以机会，让他们用相对冷静的方式解决问题。

（4）相互妥协型。使用妥协型冲突管理风格的家庭成员试图找到至少部分的能够取悦冲突各方的解决方案。为了解决争议，这类型的家庭成员希望既考虑自己的个人利益，也考虑对方的相关权益。"双方各退一步"是解决冲突的基本出发点。"你中有我，我中有你"。这一类型的家庭成员希望通过他们的努力寻找到一种冲突各方都能接受的中间道路或者中间立场，目的是冲突的哪一方都不觉得很吃亏，但也没占到什么大便宜。使用这一冲突管理风格通常会使冲突各方既在一定程度上满意，又在一些方面不满意。对比上面提到的三种冲突管理类型，相互妥协型致力于通过在合作和武断之间不断摇摆来获得平衡，并最终达到解决冲突的目的。

作为协调人，我们在魏先生一家的"发现实验室"中也有新的发现。在魏先生和魏太太的描述中，他们的两个女儿虽然性格、兴趣都各不相同，但在"不接班"这个问题上都是非常坚决的，立场上也没有什么差别。但当所有家庭成员进入"发现实验室"之后，我们的观察却并非如此。魏先生的二女儿相比大女儿更为敏感。就像一只可爱的小章鱼，她的触须帮助她体察到不同家庭成员各种情绪的细枝末节。

虽然妹妹和姐姐一样认为父亲在她们的成长过程中是"缺失"的，也对父亲在家庭生活中的长期"不作为"表达出强烈的不满，但她也为父亲在事业方面的努力和他所取得的成功感到自豪。相比姐姐，她对父亲的社会责任感和对社会的奉献精神非常看重，并有着更高层次的认同感。作为协调人，我们观察到她所持的态度实际上要比姐姐更为柔和。我们据此猜测：妹妹有可能更多的是因为认定姐姐在"接班"这个问题上居于弱势，她出于"道义压力"决定要和姐姐站在一起，而并非她与姐姐的想法完全一致。与之相对应，她在最初进入"发现实验室"的时候也提到过她希望在这场冲突中大家都各退一步，这样才能让这个长久以来困扰他们家，尤其是她母亲的问题得到解决。尽管她之后再三强调，鉴于父亲在这个问题上的强势，她认为协调人应该首先督促父亲做出实质让步，然后再与母亲和姐妹俩一起商量以什么样的方式对父亲的让步做出回应。

（5）**整合解决型**。在解决方案的寻找过程中，这种冲突管理方式要求冲突中双方的利益和愿景被赋予更高的价值。同时，大家的需求、思想和利益也应得到更多关注。我们将在下一节做更具体的介绍。

必要的暂停

在帮助魏先生一家了解了冲突管理的不同风格之后，我们在"发现实验室"第三阶段的中间叫了一次"中场休息"。作为协调人，我们希望借助这次"中场休息"来让我们有机会再次与各位家庭成员进行一对一的沟通。这不仅是给家庭成员们一个休息、平复心情的机会，也能够帮助我们验证之前的一些猜测是否正确，并据此引导"发现实验室"第三阶段后半程的顺利进行。

在暂停之前，我们还与魏先生一家玩了一个小游戏，以帮助各位家庭成员理解他们各自的冲突管理风格。在家庭事务调解实务中，如果有些家庭成员在理解冲突管理风格这一概念上有一些困难的话，我们作为协调人可以运用一些小游戏来帮助他们加深理解并缓和"发现实验室"中的紧张气氛。

第五项修炼进阶习题库

第五项修炼进阶习题库通过提出问题并帮助大家寻找问题的答案，达到解决问题或改进现状的目的。我们建议你找出以下问题的答案。这将会对改进家庭内部的沟通产生积极影响。我们对以下问题的回答会在本书中揭示。

在我们了解了冲突管理的各种风格之后，有没有可能找出一种管理风格可以适用于所有冲突？换言之，有没有一种"放之四海而皆准"的冲突管理方式？

七、"发现实验室"中的家族治理(四)

我们一直在以"协调人"的身份帮助魏先生一家逐步解决问题。在"发现实验室"的前两个阶段,我们帮助各位家庭成员想清楚在过去的岁月里是什么束缚了他们的想法,同时鼓励各位家庭成员敞开心扉,谈谈过去发生的哪些事让他们引以为豪、难以忘怀,或是让他们感到羞耻、后悔与不安。在第三阶段,作为协调人,我们引导沟通的主题是针对本次"发现实验室"需要解决的核心问题——魏先生和女儿们围绕接班问题而产生的冲突——寻找可能的解决办法。我们在这一阶段所遵循的基本沟通原则是匹配冲突双方的相似之处,在尊重双方不同的利益、价值观以及沟通风格的同时,在引领双方尝试提升各自的冲突管理水平的同时,与冲突各方共同寻求可能的冲突解决方案。

在正式进入"发现实验室"的第三阶段之前,让我们先来帮助魏先生一家放松一下。

休息、休息一下
家庭实验室小游戏
什么动物代表了你在家庭中的冲突管理风格?

在"发现实验室"开始之前,在各个阶段之间的休息间隙或者休息前后,协调人可以与家庭成员一起进行各种"热身"或"破冰"游戏。在家庭调解中,讨论哪种(些)动物最能代表家庭成员各自典型的冲突管理风格不失为一种合适的选择。

我们可以使用诸如"猫头鹰般的睿智""狐狸般的狡猾""柔

顺的小猎犬""炸毛的刺猬""把头埋进沙子的鸵鸟""柔软的泰迪熊"或者"反射弧超长的恐龙"之类的"动物+形容词"的组合词汇。在这一环节，协调人可以用这些形象的方式帮助家庭成员理解并在图2.2中找到他们各自不同的冲突管理风格。

在这个过程中，作为协调人，我们既可以要求每一位家庭成员在我们的帮助下进行自评，并引导其他家庭成员展开他评，也可以在每一位家庭成员自评环节结束后对他们的选择给予反馈和评价。

需要注意的是，一些家庭成员的冲突管理风格会比较典型地集中在某一动物类型上，在这种情况下，他们个人的定位就容易与其他家庭成员对他们的评价达成一致。这时，所有人就会很顺利地从这种动物的特定行为展开去讨论该家庭成员与之相对应的行为或可能采取的改进。

在魏先生一家的"发现实验室"中，魏先生的小女儿被她自己和大家一致认为是"柔顺又忠诚的小猎犬"。他们认为她不像姐姐那样经常表现得咄咄逼人，但却以温柔而坚定的语调在冲突中始终如一地和姐姐站在同一立场。

比这种情况更为复杂一些的情况是更经常出现的，即该家庭成员自认为具有某种动物特质，而其他家庭成员更倾向于选择另一种动物来描述这位家庭成员的冲突管理风格。这种情况大量出现于家族企业的管理者或者带头人对他们的冲突管理行为进行自评的时候。最普遍的情形是家族的带头人认为自己是属于相对平衡型的兼顾各方的冲突管理风格，而家族的其他成员对此表示反对。在这种情况下，协调人可以建议大家暂时搁置这个分歧，但要把它留下来当作后期展开讨论的"引子"，即在"发现实验室"

后期进行总结和回顾的时候再提出来，一边观察大家在"发现实验室"的学习临近结束时的反应，一边引发大家进一步的思考。

这一种情况看似复杂，但其实自我认知和相互认知的脉络十分清楚，也会让协调人很好地把握。在调解实务中，我们经常遇到的情形要比这些复杂得多。比如，某一位家庭成员可能同时具备多种动物特质，或者在不同类型的冲突场合中表现出不同的冲突管理风格。具体来说，我们在实务中会遇到以下几种情况。

（1）家庭成员本人认为自己具有某种动物特质，而其他家庭成员大多认为该家庭成员同时具有其他动物特质。在魏先生一家的"发现实验室"中，魏先生的大女儿认为在冲突中自己表现得像水牛一样坚毅果敢，而小女儿和她的妈妈却一致认为她同时具有非洲象般的忠诚和敏感。

（2）与上一种情况相反，家庭成员认定自己有多种动物特质，但其他家庭成员纷纷表示在之前的多个冲突场合中，该家庭成员仅仅突出展示了某一种动物特质。

（3）家庭成员自认为兼具多种动物特质，但其他家庭成员认为其不具备这些动物特质，而是在之前展现过其他的动物特质。

（4）家庭成员之间对特定家庭成员所具备的动物特质无法形成统一的看法。魏先生的两个双胞胎女儿认为她们的母亲始终如一地给她们"柔软的泰迪熊"般的温暖。而魏先生却认为自己的太太最开始像"把头埋进沙子的鸵鸟"一样一味地回避，而后面一度又是"炸毛的刺猬"，并以一种非常强硬的姿态来面对他和女儿们的冲突。

（5）最后一种情形出现的次数并不会太多，但我们在以往的实务中往往觉得比较棘手，那就是家庭成员本人和其他家庭成员都认同其具有某些动物特质，而作为协调人的我们却对此持保留意见。

那么此时，协调人到底要不要站出来说出自己的看法？有一部分协调人主张"发现实验室"要由协调人主要负责引领。如果协调人基于自身的观察和以往的工作经验对家庭成员在"发现实验室"中达成的共识存有疑问的话，就要明确地表达出来以帮助家庭成员正确理解自身的冲突管理风格。而另一些协调人主张在"发现实验室"中要由家庭成员决定沟通的议程，而协调人的作用主要是辅助和纠偏。具体而言，协调人的工作主要是确保谈话在正确的方向上真诚且顺利地展开。那么，在冲突各方都达成一致的情况下，如果协调人自身持有的看法和观点与家庭成员们有一些不一致，只要不影响"发现实验室"最终的结果，协调人是可以选择暂时搁置这个异议，留待其他场合再议的。毕竟，"发现实验室"里的家庭成员是冲突的主体。确保他们之间的有效沟通是"发现实验室"这一活动开展的目的。当下沟通的氛围如果是和谐而真诚的，那么这个氛围是要确保的。协调人在此时不应该为了表达自己而带偏"发现实验室"里的主要"工作氛围"和讨论方向。

在魏先生一家的"发现实验室"中，作为协调人的我们对魏先生小女儿的自我评估和家人互评都持有不同意见。但我们并没有选择在此时表达出我们的想法，而是把这个想法留到后面，在与家人沟通的环节再进一步展开讨论。

在调解实务中，协调人在"发现实验室"到底要不要突出自己、表达自己确实是一个见仁见智的问题。但是，无论是上述的哪一种情况发生，家庭协调人都可以引导家庭成员多问问为什么，并请已经选定动物类型的家庭成员们试着举一些具体的例子，提一些建议，或者告诉协调人和其他家庭成员他们希望对方成为哪种动物类型。

但无论如何，还请记住这毕竟是一个活跃气氛的小游戏。要帮助家庭成员认识到彼此间开一些无伤大雅的玩笑其实不是什么了不得的大事情。在家庭内部，哪怕是讨论冲突，也不要总是以沉痛而肃穆的语气"痛说家史"。要一直记得：冲突的解决究其根本需要一种富于技巧性、包含着弹性的有效沟通。而这类沟通在富有经验的协调人的帮助下，通常是可能以一种比较轻松愉快、"举重若轻"的方式来展开的。

第五项修炼进阶习题库

第五项修炼进阶习题库通过提出问题并帮助大家寻找问题的答案，达到解决问题或改进现状的目的。我们建议你找出以下问题的答案。这将会对改进家庭内部的沟通产生积极影响。我们对以下问题的回答会在本书中揭示。

在有关冲突调解的"发现实验室"中，协调人可以通过"暂停"的方式缓解紧张的气氛。那么在真正的冲突中，冲突的双方是否可以通过"主动叫停"的方式来调整沟通的进程？

八、"发现实验室"中的家族治理（五）

让我们继续用魏先生一家的案例为大家介绍该如何引导冲突中的各方发现和进一步认清自己的冲突管理和沟通风格。

需要强调的是，不同的冲突管理风格适用于不同的情境。哪怕是图 2.2 中看起来最完美的整合解决型的冲突管理方式，都不是放之四海而皆准的。让我们来和魏先生一家一起看看在不同的情境下哪种冲突管理风格会更常见一些。我们也简单地讨论一下通常会基于什么样的原因来选择这样或那样的冲突管理风格。

1. 我们对冲突中的这个人或者这件事本身到底有多重视？

当我们必须捍卫自己的权利或道德准则，或者在紧急情况下需要快速做出决定并迫使他人加入或同意，需要结束家族内部的长期冲突或必须防止可预期的反对决定时，强迫型的冲突管理风格就有可能是最常见的选择。

选择强迫型的冲突管理风格诚然可能在短期内解决一些问题，但也存在着引发冲突另一方对抗的风险。在魏先生一家的案例中，强迫型风格也正是魏先生最初的选择。魏先生在谈论家族企业传承这一重要问题时，丝毫不能接受来自女儿们哪怕只是"有可能"的拒绝。所以，他从一开始就先声夺人，直接就女儿们的职业规划进行安排，而这种简单粗暴的沟通方法也直接招致了女儿们的强烈反弹。

正如我们之前谈到的，任何一种冲突管理风格都未必是在冲突的过程中从始至终展现的。强迫型管理风格可能会影响我们在冲突的随后阶段中的策略选择。而是否选择将强迫型管理风格"继续到底"，或者在决定改变之后选择一种而不是另一种策略，这取决于我们与发生冲突的家族成员关系的紧密程度，或者我们对发生冲突的问题的重视程度。如果我们担心破坏与某人的关系（如魏先生担心和女儿们的关系），或认为继续长期冲突似乎并不值得

（如魏太太希望家里恢复和谐的气氛），且达成共识也可能使我们的家庭关系更加牢固（魏先生全家人的共识），那么之前的强迫型管理风格也可能会在冲突的进程中被舍弃。

2. 我们对（消极、负面的）后果有足够的估计吗？

在我们眼中往往是最无用的避免型冲突管理风格其实也有它的用武之地。它通常适用于以下冲突情境：

（1）冲突看似微不足道（不值得双方或一方任何的积极介入）；

（2）事出紧急，没有时间思考；

（3）冲突太过复杂，明显需要更多时间思考；

（4）冲突方感觉到自己在这场冲突中没有获胜的机会；

（5）冲突方感觉到自己一旦介入就很难全身而退；

（6）冲突方在感情层面担心招致家庭成员的怨恨。

然而，在任何以避免型冲突管理方式介入的冲突中，我们都该为可能产生的负面后果做好准备。我们相信也会有一些家庭成员像案例中的魏太太一样选择严保中立，希望能以"不站队、不发言、不参与"的方式置身事外。然而，在家族企业的情境中，基于家庭成员角色的多重性，我们最终会发现，无论我们是选择避免还是继续与有可能既是上级、同事又是家人的家族成员爆发冲突，都可能会引发非常严重的后果。而很多时候，这种避免型的冲突管理方式没有在冲突中引入相互冲突的双方的观点，没有让冲突双方有足够的机会表达自己或进行哪怕初级的沟通。这种做法导致在冲突中缺乏大量真实有效的信息，而据此做出的错误决策就很有可能引发违背冲突参与方个人信仰或是道德准则的后果。

也许我们并不能如魏先生和魏太太一样很快意识到潜在的风险并采取积极引入第三方协调人的方式来防止冲突进一步升级，但无论如何，我们都要事先让自己充分考虑到使用避免型这一冲突管理方式所能带来的所有积极和消极的后果。

3. 我们有足够的时间和精力来尝试其他的冲突管理方式吗？

在介入每一场重大冲突时，比较理想的情况是我们有足够的时间全身心地投入到冲突的解决中。

但更重要的是，我们确实足够关心当下的这场冲突，并愿意为此投入必要的精力。因为如果这场冲突以及它的解决在我们看来并没有什么实际意义，那么，与其他人拉锯般地来来回回讨论一个问题可能会让我们感到筋疲力尽。

在这种情形下，相互妥协型管理风格就不失为一个好的选择。当达成解决方案的截止日期快到了、谈判陷入僵局或目前需要临时解决方案时，这种风格可能适合使用。

但在魏先生家发生的事情与以上情况不尽相同。这一家人的冲突存在以下特点。

从内容上看：冲突中存在不同辈份的两代人的观点的碰撞。

从关系上看：冲突的各方之间存在重要的家庭关系，彼此紧密连接、缺一不可。

从任务上看：解决方案必须同时反映多个利益相关者的意见与想法。最终解决方案达成及实施的难度较大，因为任何一位或几位家庭成员的不满意都会对最终解决方案的达成和具体实施造成重大影响。

基于以上几点分析，作为协调人，我们建议魏先生一家在有关"子女接班"的问题上，尽可能地采用整合解决型的冲突管理风格。

这种冲突管理风格的使用者会试图找到满足各方需求的解决方案。他们认为与其大费周章地找到一个中间立场或折中方案，还不如寻找一个真正让每个人都满意并最终实现双赢或多赢的解决方案。

在解决方案的寻找过程中，冲突中双方的利益和愿景被赋予了更高的价值，大家的需求、思想和利益也得到了更多关注。使用这种冲突管理方式的家庭成员会开诚布公、富有创意地寻找能够满足甚至提升冲突中各方利益的新的解决方案。

正如大家所猜测的那样，以整合解决型管理风格来管理和解决冲突的这一动态过程需要正处在分歧中的家庭成员们付出大量的耐心、勇气和善意。

作为协调人的我们始终牢记在这个过程中我们要一直担任一个适度的角色。

我们向魏先生一家清楚地表明：家庭成员可以而且必须自己开始这个过程。协调人不会告诉家庭成员应该如何表现或者哪一种解决方案最适合魏先生家当下的情形。在整个过程中，解决方案不应以单纯地高举、宣扬哪一方的观点和想法或者污名化某个家庭成员的方式达成。我们坚信，家庭成员们在协调人的帮助下，是可以运用自己的智慧找到最适合的解决方案的。而这一过程，需要所有家庭成员都付出积极的努力。

但是，在把最终解决方案的找寻"托付"给魏先生一家人之前，协调人还是认为应该帮助魏先生一家就接下来的沟通进行更好的准备。为此，我们叫了第二次暂停并利用这一时段与魏先生和他的家人展开了几段一对一的谈话。在谈话中，我们提出几点在之前的"发现实验室"里对他们进行的观察，也明确了进一步交流所必须重视的原则。

第五项修炼进阶习题库

第五项修炼进阶习题库通过提出问题并帮助大家寻找问题的答案，达到解决问题或改进现状的目的。我们建议你找出以下问题的答案。这将会对改进家庭内部的沟通产生积极影响。我们对以下问题的回答会在本书中揭示。

在有关解决方案的最终沟通中，有哪些应该被家庭成员重视的原则？

九、"发现实验室"中的家族治理（六）

暂停还是不暂停，这是个问题

在魏先生一家"发现实验室"的第三阶段，协调人又叫了一次"暂停"。这是在魏先生一家的"发现实验室"中协调人主动进行的第二次暂停。

实务中，在以解决冲突、改善家庭成员关系为目的的"发现实验室"中，到底什么时候暂停，最终总共要叫几次暂停，都是由参与或主持"发现实验室"的专业协调人来决定的。暂停可以是一次简单的全体人员的休息，给大家机会让彼此都平静下来，也可以是部分人员的休息，而其他人员则继续在协调人的帮助下开展小范围的、进一步的交流。

在不改变"发现实验室"的流程、不拖延进程的前提下，通常暂停应以1~2次为宜。我们有这样的结论是考虑到更多次数的暂停可能会带来诸多弊端，具体如下。

（1）冲突双方沟通的顺滑度会受到影响。

（2）冲突双方一些必要的情绪难以宣泄到充分的程度。

我们了解到，在很多案例中，家庭成员之间的矛盾看起来似乎是基于经济利益、家庭成员角色定位和角色冲突、企业今后走向、家族内某成员未来发展等原因，但实际上，这些矛盾和冲突是由长年的情感矛盾累积而成的更深层次的"愤懑"和"不信任"所引发的。家族成员之间的关系（父母子女、长辈晚辈、其他亲属关系）对家族冲突管理具有重要影响。

良好的家族成员关系能够在早期识别，在中后期淡化、弱化家族成员间的冲突；而低效的、失衡的家族成员关系不仅会使早期识别冲突成为不可能，还会在冲突发展的中期、后期造成激化、恶化冲突的后果。

我们在多年的调解实务中也发现，很多看起来异常复杂的矛盾冲突只是基于多年前的一句话造成的伤害。事实上，我们不止一次地听到某位家庭成员在真正打开自己之后，以沉痛、悲愤的语调告诉我们："这么多年，其实我只是需要听到一句道歉。"那些看起来似乎全面对立且无法调和的利益冲突，问题的解决却始于一句简单的"对不起"。具有讽刺意味的是，这么多年来，其实这把解决问题的钥匙都一直握在一方当事人的手里，而他／她却不自知。

　　大繁若简。我们在家庭成员的冲突调解中不断地感受到这一点，也在不断地感叹着我们人类感情的多面性——说复杂是真复杂，说简单也是真简单。而这也就是我们为什么始终坚持强调在家庭成员之间要展开定期的、高质量的沟通。很多事业规模已经做到很大的家族企业的家族"主事人"总跟我们抱怨这种定期的无差别沟通（指家庭成员间打破层级的平等沟通，主要表现为不因某位成员的家族地位就获得更多的话语权）的诸多麻烦。短期来看，让每个家庭成员都有机会表达自己确实会给会议组织和事后工作的推进带来一些困扰，尤其是沟通会上存在着一些特别爱表达自己，特别爱提反对意见的所谓"刺头儿"。但这些"主事人"却没有意识到他们其实也正是在抱怨着别人的抱怨，而容忍并认真对待别人（尤其这个别人还是家族成员）的抱怨正是他们为预防、延缓尖锐冲突的发生做出的努力。这种努力从长期来看绝对是起到了事半功倍的效果。

　　（3）协调人的"局外人"角色会因为每一次的"暂停"而得到强化，协调人的作用有可能获得不必要的凸显。

　　经验不足的协调人往往会不自觉地在"发现实验室"突出、强化自身作为协调人的角色。我们之所以会用"不自觉"这个词，是因为据我们观察，他们会这么做其实并非出自本意，而是为了向冲突当事人以某种方式证明自己存在的价值。

　　但有经验的协调人会做出另一种选择。他们会选择相信当事人双方的心智能力与解决问题的决心。他们会在不断观察中尽量选择让冲突双方通过自身的努力找到那把解决问题的钥匙，并在他们的帮助下建立一种健康的、可持续的家庭（族）内部沟通的长效机制，有的放矢地预防冲突的发生，降低今后冲突的烈度。

我们在魏先生一家的"发现实验室"的做法，就是这一理念的体现。

第二次暂停（父母篇）

在第二次暂停中，作为协调人的我们分别与魏先生夫妇和他们的女儿们进行了交谈。

在与魏先生夫妇的谈话中，我们很遗憾地告诉他们，之前他们所接受的学校教育并没有教过他们该如何成为合格的父母。而据我们观察，在这项需要一边学习一边练习的人生功课上，魏先生夫妇还是有很多需要改进和提升的部分。我们针对家庭成员，尤其是不同辈份的成员之间的沟通（例如魏先生一家的案例中父母子女间的沟通）中出现的问题，主要提出以下几点建议，供魏先生夫妇参考。

第一，最重要的环节就是倾听。

（1）倾听最基本的表现就是给对方机会，让对方把他/她想要说的话说完。

（2）有质量的倾听不是简单的"听见了"，而是要从更深的层次领会、理解对方真正的意思和感受。

（3）在理解的基础上，在对方需要给予反馈的时候，及时地反馈给对方，还可以要求对方在一定程度上给予确认。

（4）可以总结对方所说的意思，并提出深入和探索性的问题来完成倾听的全部环节。

第二，有说话的时候，也有沉默的时候。

父母在与子女沟通时的一个主要误区是习惯于时时处处都给予意见。因为"我吃过的盐比你吃过的饭都多""走过的桥比你走过的路还多",父母很自然地认为在自己眼中永远都"涉世未深"的孩子们需要听见并且听取自己的建议,而且也事无巨细、毫无保留、随时随地、始终如一地给予意见,不管他们是否需要。我们帮助魏先生夫妇意识到,与身边关系最密切的人的沟通在很多时候都是某种感情的宣泄。他们未必需要我们言语上的回应,而是把我们当作树洞,在里面抖干净他们一身的烦恼,然后振奋精神、出去再战。这时候如果我们忍不住提出了他们不认可或者不理解的建议,反而会徒增双方的烦恼。

我们的意见只有在我们不经常提出意见的情况下才会得到重视。这句话听起来像句绕口令,其实道出了有些残酷的真相。父母在与成年子女沟通的时候,要谨记轻重有度,轻的放下,重的敲打。

最后,在闭上我们的嘴巴的同时,要学习使用我们的肢体语言。有时候,一个默默的、紧紧的拥抱,也许能胜过千言万语。这样做最初可能会有些尴尬,但拥抱时孩子们的身高和体量也会很快帮助你认识到他们早已不再是需要被你的羽翼呵护的小鸟。

(1)在涉及敏感话题时,时机很重要。我们前面谈到人的感情可以如此复杂,又可以如此简单。其实我们的理性思维也是如此。我们可以深明大义,但也能在转瞬间变得"不明事理"。年轻的协调人有可能对这种变化感到摸不着头脑。他们会困惑于冲突当事人"忽上忽下"的认知水平,从而感到他们的调解工作难以为继。而这种不可捉摸的表现往往只是基于调解内容是否涉及冲突当事人的核心利益或敏感话题而引发的连锁反应。因此，协调人一定不要贸然发起"发现实验室"，一定要在进入"发现实验室"之前对情况进行深入的了解，并在"发现实验室"进行过程中随时注意冲突双方的反应，不放过任何蛛丝马迹，为自己和冲突双方制造继续深入沟通和了解的机会。

（2）要认识到赞美的力量。家庭提供了一个很好的地方，可以积极地给予赞美并彼此加强。在中国的很多家庭里，父母都没有充分地利用这种力量。魏先生在"发现实验室"中对女儿们的赞美大大出乎她们的意料，也收到了意想不到的效果。

在下一节中，我们将继续以"协调人"的身份来帮助魏先生一家逐步寻找冲突的解决之道。

第五项修炼进阶习题库

第五项修炼进阶习题库通过提出问题并帮助大家寻找问题的答案，达到解决问题或改进现状的目的。我们建议你找出以下问题的答案。这将会对改进家庭内部的沟通产生积极影响。我们对以下问题的回答会在本书中揭示。

家庭日常沟通中，在赞美之余，我们该怎样发起、面对批评？

十、"发现实验室"中的家族治理（七）

在魏先生一家"发现实验室"的第三阶段，协调人发起了第二次"暂停"，并利用这个时间段与魏先生夫妇和他们的女儿们分别进行了单独沟通。协调人先与魏先生夫妇进行了谈话。沟通中，协调人肯定了魏先生在"发现实验室"中向家人敞开心扉，表达自己的做法，也对魏先生和魏太太在今后与女儿们的沟通中该改进和要注意的地方提出了自己的建议。

这之后，协调人与魏先生的双胞胎女儿展开了对话。

第二次暂停（女儿篇）

这一次，会议室里坐着的人全部拥有高学历：以大学教授为首的协调人团队和已经在国外完成学业并顺利获得学位的姐妹俩。而协调人组织这个小规模会谈的第一个目的就是分别与两姐妹谈一谈她们到底该如何与她们的父亲更好地相处。

协调人以自己为例，以双胞胎姐姐最引以为傲的教育背景为切入口，向她敞开了心扉：作为教育工作者，在承认教育对塑造学生的人格以及构建其知识架构起着重要作用的同时，我们也有更多的机会看到教育的局限。

首先从课程的设置上看，因为教育制度的限制以及其他种种因素的掣肘，大学的常规教学内容有其无法摆脱的滞后性。大批学者认为学校所教授的课程通常会比实践落后至少5到10年。由此看来，学生们在大学课堂上所学到的理论知识和实践技能都是有相当大的局限性。作为学者的我们，为了保持对实践中新事物、新方法的敏感性，也要积极主动地与像魏先生一样的业界精英做沟通交流，经常性地向他们学习以了解行业的最新变化并把握未来发展的脉搏。其次，作为教师，我们在教学中也时常心怀惶恐。我们教授的知识在今后（哪怕是现今）究竟是否有用？我们所教授的这些知识和所谓的技术几年后再回看有没有可能被超越或从根本上被否定？十年后是否还有人从事我们今天所研究的专业？所以，从专门院校毕业，有足够的理论知识当然很好，但在家庭中，作为父亲的魏先生能够为女儿们提供从实践而来的商业经验和敏锐的、前瞻性的视角。他的想法尤其值得正处在创业初期的姐姐给予更多的尊重。刨去他要女儿接班的要求不提，魏先生有关商业运营的建议是该被大女儿倾听并认真考虑的。

与姐姐不同，协调人与魏先生二女儿的沟通则主要集中在性格和价值取向方面。

协调人着重与妹妹沟通了协调人团队对她的观察。协调人以打比方的方式与妹妹讨论了她的行为特质。我们把对情绪相关问题的察看以及对人际互动的探查比喻成章鱼的触角。简而言之，这世界上有的章鱼（人）本体小，但情绪触角多，对周围的人与物反应敏锐，且常常因此引发对自身行为的反思。也有些章鱼（人）本体很大，但情绪触角极少。这类章鱼倾向于把更多精力用于关注本体（自身）的感受，而因为触角很少，也就对周围的人与环境反应相对迟钝。这样说起来，似乎触角多的章鱼能够更好地生活，但事实上，当触角过多的时候，一旦探出就会体察到周边太多情绪的细枝末节，而随之而来的问题就是可能会给章鱼自身的生活带来很多不必要的困扰，以及因为"探知"这一行为而带来自身巨大的情绪消耗。

其实通过与魏先生两个女儿的相处，我们不难发现，大女儿的思维方式与魏先生本人有很高的相似度。她勇于坚持自己，不回避也不惧怕冲突。而妹妹则继承了魏太太的更多特质，她对家庭内部发生的冲突非常敏感，对曾经拥有的短暂和谐既眷恋又期待。

在这场有关"接班"的家庭内部冲突中,一方面,出于与姐姐休戚相关、荣辱与共的"道义"和同样对父亲最初的强势输出的不满,她从始至终都非常坚定地与姐姐站在了同一战线上。但另一方面,出于先天的敏感,也由于保持家庭成员之间的和谐对她而言意味着更多,她在冲突中感受到了更多的痛苦。因此,她也就有着比姐姐更大的动力和更强的决心去找到问题的解决办法。

我们开诚布公地与魏先生夫妇和姐妹俩进行了以上对话。这之后,我们的"发现实验室"也进入到了最后一个环节——达成最终解决方案之前。

达成最终解决方案之前

作为协调人,我们从始至终都选择相信当事人的智慧,由他们自己就商业相关的问题共同做出所有人都能接受的决定。而我们的作用是在当事人不熟悉的领域(如心理学、法学)为他们提供一些方法、工具进行指引,或是在当事人存在"盲点"的情境中对当事人做一些有限的点拨。作为协调人,我们永远也不可能为当事人提出与他们家庭成员相关的解决方案,因为这个方案需要所有人的认同才能确保真正得以实施。也可以说,我们从来都坚信,解决所有家庭冲突的那把钥匙都只能在家族内部寻找,而从来都不是由外部提供的。

在魏先生一家人都心平气和地坐下来,真正开始就"接班"这一问题探索解决方案之前,我们为他们上了"最后一课"。如果说以前我们所讲述的原理、技巧和方法更多的是针对某个人或者某几种情况而言的,那么这"最后一课"就是我们对魏先生一家的所有人上的。

针对以后——培养什么样的家庭文化

对于我们所有人而言，建立家庭沟通文化和沟通机制都是有代价的。家庭中每个成员的时间和精力都是宝贵的，而我们在日常生活中又常常将它们留给一些当下发生的紧急且重要的事情，因此，看似很难为所有人找到一个适合开展家庭集体反思和学习的时间。但是，正如我们多次强调的，家庭成员为家庭内部沟通所做的所有努力都会在日后被证明是值得的。

在培养家庭沟通文化时，家庭可以寻求外部人士的帮助。这些外部人士可以是沟通方面的专家，也可以是其他家庭中那些在其家庭内部受人尊敬的家庭成员。沟通实践被认为是自然行为，为什么要引入专业人士来支持呢？因为他们的指导有助于提升家庭成员的情商和沟通过程中的敏感性。而提升了情商和承认其他"软问题"重要性的那些家庭将赋予其成员建设性地解决这些问题的能力。

当然，在谈及一些敏感问题（例如财富和继承规划）时，如果不方便引入第三方沟通辅导者，家族也可以选择事先从部分家族成员那里收集一些零碎的建议，然后在一些特别的团聚场合（比如生日会、周年庆祝会或者其他的家宴上）与更广泛的家族成员进行更深入的讨论。这之后，在后续的会议上继续推进。我们想在这里明确的是，问题的重点不是一定要把家庭沟通文化和机制建立得多么僵化，而是要时时处处把关注的焦点更多地放在节制权力上。我们在后文中也将进一步用魏先生一家的例子向大家说明这个问题。

> **第五项修炼进阶习题库**
>
> 第五项修炼进阶习题库通过提出问题并帮助大家寻找问题的答案，达到解决问题或改进现状的目的。我们建议你找出以下问题的答案。这将会对改进家庭内部的沟通产生积极影响。我们对以下问题的回答会在本书中揭示。
>
> 对于掌握更多话语权的家长来说，在建立家庭沟通文化的过程中应该特别注意什么？

十一、"发现实验室"中的家族治理（八）

协调人的理念

在上一节中我们谈到我们这个协调人团队所秉持的理念。

1. 协调人对当事人的信任

我们相信当事人的智慧。我们相信既然家族冲突中的当事人找到我们来担任协调人，那么，他们就都是有意愿、有能力通过共同的努力，就与他们每个人的利益息息相关的家族企业经营问题找出让所有人都能接受的解决方案的。

2. 协调人发挥作用的舞台

协调人应当在心理学、法学等当事人不那么熟悉的领域，为陷入冲突的家庭成员提供一些方法和指引。

3. 协调人角色的普适性

哪怕是没有经过专业训练的第三方在参与调解家庭成员之间

的矛盾时，也往往有能力就双方或一方当事人基于他们的"盲点"所做的行为对当事人进行一些有益的点拨。

4. 协调人角色的局限性

我们永远也不可能为当事人提出与他们家庭成员相关的解决方案，因为这个方案需要所有家庭成员的真心认同才能确保真正得以实施。正因为如此，我们有理由相信，那些协调人可以在家庭成员冲突调解中"大包大揽""越俎代庖"的想法和实践都很难取得实质性进展。

我们认为，在家庭冲突调解中，"授之以鱼"不如"授之以渔"。那把解决家庭冲突的钥匙从来都不该由外部提供，而应该、也只能在家庭内部寻找。

打开心门的钥匙

魏先生一家人心平气和地坐了下来。"发现实验室"已经给了每位家庭成员机会让他们分享其他家庭成员做出的哪些行为令他们感到沮丧、悲伤或担心。而现在，他们将要在协调人的带领下逐一回忆那些他们各自认为"非常开心,但却再也回不去的美好时光"。

出乎所有人的意料，原本以为会"异彩纷呈"的答案却出奇地相似。魏先生和魏太太在创业初期异常忙碌，但是他们还是会在周末留出些许时间来陪伴两个女儿：天气好的时候会是一次游乐园之旅，魏先生陪着姐姐挑战高空项目，一路心跳加速，魏太太慈爱地全程陪伴妹妹体验粉嫩公主屋。姐姐得了奖状，全家会去光顾玩具店。当魏先生"豪气万丈"地跟姐妹俩说这里的玩具随便选时，姐姐睁大了眼睛，她心中父亲的形象高至巅峰。姐妹俩的生日适逢节日，妹妹回忆起小时候每次过生日时全家人都是热热闹闹地欢聚在一起。

当魏先生偶有闲暇陪家人一起吃晚饭时，他会绘声绘色地给女儿们讲他在工作中遇到的种种趣事，再加上魏先生天生的幽默感，每次都能逗得全家人开怀大笑。魏先生一方面极为留恋这种美好，另一方面也明白女儿们长大之后，总免不了看着她们渐行渐远的背影。这些年来，魏先生的生意步入正轨，公司业务蒸蒸日上，不需要他像年轻时那样全身心投入了。可是，当他终于不那么忙了，当他意识到女儿们已经渐行渐远，想要拉近与她们的关系时，却没发觉自己正在以"接班"这种错误的方式将她们越推越远。即使他分享的那些曾经是全家最爱听的工作中发生的趣事，讲述者没变，听众也没变，但无论他怎么费尽心思、口若悬河地讲述，现在也只能换来女儿们一句句敷衍的应答："噢。""是吗？""然后呢？"

所以，那些深藏在全家人心底的，被所有人珍视的美好时光，真的再也回不去了吗？

对于发生在家庭成员之间的矛盾，并不是所有的道歉都需要公开，也并不是所有的误会都需要在协调人的眼皮底下解开。很多资历尚浅的协调人可能没有意识到的是：发生在家庭成员之间的、私下的道歉或承认错误通常会大大改变家庭文化。然而，所有家庭成员都必须明白，这种文化转变需要时间。在此期间，在感情上曾经受过伤害的家庭成员必须学会放下过去，不要怀恨在心。在这一点上，必要时，个别家庭成员可以寻求协调人的帮助。

在征得魏先生一家人的同意之后，作为协调人的我们暂时离开了"发现实验室"。我们把接下来的时间留给魏先生一家人，让他们开始属于他们自己的闭门会议，这也是一次由他们自己主导的"自我发现之旅"。在离开房间之前，我们还送给魏先生夫妇和他们的一对女儿三个词："信心""耐心""勇气"。

自我发现之旅

在魏先生一家重新打开"发现实验室"的大门时，我们在第一时间得知他们已经达成一致的解决方案。

在今后的日子里，两个女儿会开始接受魏先生在商务实践上的引导，但不是以"接班"这种形式。对于已经开始独自创业的姐姐和还在朋友公司里实习的妹妹，魏先生都会对她们在工作中产生的各种问题提供管理上的辅导（Coaching）。

魏先生与两个女儿约定这种辅导不会发生在家里。他们也达成共识，认为每个月做两次这样的辅导是一个合适的频率。辅导的地点是在第三方——既不是在女儿们所在的公司，也不是在魏先生自己的公司。在这种以管理辅导为主线的谈话中，魏先生会学着弱化自己"父亲"的家庭角色，而把自己定位为一个向年轻的创业者提供商业建议的资深顾问。

在女儿们那一边，她们也不执着于完全否定在将来重新讨论魏先生理想中的"接班计划"，但这种讨论不以某一位女儿接班作为终点——在这一点上，魏先生和他的女儿们出乎意料地迅速达成了共识。值得注意的是，双方都愿意为这个目标至少做出初步的努力，比如姐姐表示愿意出席一些适合她出席的商业场合，而妹妹也表示愿意考虑改换到魏先生的公司里，在不暴露她身份的情况下做一名管理实习生。

魏先生一家人不约而同地向我们表达了他们的某种惊喜。他们没有想到以往看来无解的困局竟然能走成一盘活棋。作为协调人的我们，在欣慰之余也向他们表达了对他们家庭内部沟通持续向好的信心。要知道，哪怕是再难填平的深渊，只要从两端各铺出板子来，也总会有能走通的路。关键是大家一要有去对岸看看的意愿，二要有迈出第一步的勇气，三要有一路披荆斩棘的耐心与毅力。

最后的也是最初的建议

当然，除了这些通俗的比喻，我们对魏先生家日后的沟通也提出了以下建议。

第一，家庭需要构建一种强调开放式沟通和责任感的文化。当某些家庭成员（如魏先生的女儿们，在某些时候也可能是魏先生和魏太太）感觉受到伤害且无法表达他们的不满，而那些冒犯他们的人又不愿意做出相应的补偿时，家庭成员之间的摩擦就会升级，并在一定阶段恶化成烈度极大的冲突。为了保持家庭和谐，家庭领导者需要意识到在日常中忽视这些问题的风险。

第二，保持开放式沟通。家庭领导者需要给家庭成员以表达自己的机会，并鼓励他们提出可能令其他家庭成员不安或不快的问题。在很多时候，在危机爆发前的大声疾呼不应被视为对现行秩序的破坏，而应视为对家庭长治久安、可持续发展做出的建设性努力。任何主题都不应该被轻视。

第三，一家之主要充分意识到自己在建立这种家族内部沟通文化的过程中能发挥巨大作用。直接解释决策和解决问题可以确保小问题不会变成大问题。家族领袖或诸如家族理事会之类的治理机构可以通过强有力和清晰的信息促进家族成员间的公开讨论。家族领导者还可以通过鼓励就家庭的"软规则"进行坦诚的讨论来塑造理想的行为。

第四，规则的制定和执行需要全家人的参与。必要时，非正式的指导和辅导课程（可由家庭成员或第三方协调人引导）可以帮助家庭成员以更容易被接受的方式向大家表明他／她的诉求。

第五，多代家族成员可以受益于由每一代代表组成的论坛，这些代表的任务是鼓励几代人内部和跨代之间的坦诚对话。拥有事实上的"首席情感官"（通常是女性家长，比如本案例中的魏太太）的家庭可以逐渐培养开放的文化。对于家庭来说，在任何违反沟通规则的行为发生之前建立这种文化至关重要。

第六，责任文化。当一方家庭成员违反家族内部制定的沟通规则时，快速而真诚的道歉通常可以解决问题。这说起来容易做起来难，尤其是当违规行为是无意的并且责任人并不知道他／她的言行所带来的后果时。因此，我们建议所有家庭成员都付出努力提升自己的情感敏感性，并认识到家庭成员之间也需要真诚的道歉。

第五项修炼进阶习题库

第五项修炼进阶习题库通过提出问题并帮助大家寻找问题的答案，达到解决问题或改进现状的目的。我们建议你找出以下问题的答案。这将会对改进家庭内部的沟通产生积极影响。我们对以下问题的回答会在本书中揭示。

耐心和勇气是影响家庭内部沟通和子女教育的重要因素。对于家长来说，应该如何以此为基石推进与子女之间的沟通？

第七章

家族企业的百年传承

从魏先生一家的案例中我们已经初步看到了家族企业传承过程中的重重困难。然而，每当我们谈到传承，谈到家族企业的可持续发展时，一个最重要的不可回避的问题就是创业精神是如何在家族企业跨代传递的。

创业精神能不能被家族企业代代相传？这是一个具有争议的话题。

在这个话题范围内，首先要明确的是，这种传承是针对代际级数较少的家族企业还是代际级数较多的家族企业。为何要进行这种区分呢？因为通过什么途径培育第二代之后的企业家精神是一个重要的问题。一些家族在完成了所有权与控制权的代际转移之后，是如何转移有利于创业的特征和条件的？这个问题的答案是家族企业执行传承计划以确保继任者具有创业精神的动机和能力的关键之处。而这个问题的答案也会因代际级数的多少而发生改变。

当下中国的家族企业大多数尚处于由创一代向创二代过渡的阶段，少数的家族企业进入到由第二代向第三代过渡的阶段。因此，观察中国家族企业中创业精神的传承时，"能见度"较高的是创始人在企业初创期形成的创业精神向二代继承人传递的过程，而要考察二代之后如何向三代或四代传递创业精神，我们就很难找到可供观察的样本。

那么，考察创业精神从第一代创业者向第二代创业者传递，与研究二代之后的创业精神的培养与传递，是否具有同样的意义呢？从传承的视角出发，考察创业精神由一代向二代传递仍然是有意义的，但其价值取向与研究多代际之间的传承是不一样的。由于第一代与第二代之间的代际距离很近，创业精神的传递会直接受到多种因素的影响，创一代的创业精神的辐射力是直接的，创业精神和行动没有表现出重复性和规律性，无法形成周期性的反应。因此，创业精神在代际间的传递路径或方式就表现出一定的偶然性。实际上，创业精神如何传承，这个问题真正有价值的地方在于把时间跨度拉长，考察二代或三代以后如何培养继承人的创业精神。众所周知，创始人所塑造和形成的创业精神或企业家精神的辐射力，会随着代际级数的增加而逐渐衰减。如果三代以后，家族企业的规模扩展到堂表兄弟姐妹共同联盟，呈现出企业家族的结构态势与运营趋势时，创始人的创业精神仍然被第四代、第五代的继承人所秉承与坚持，那么我们就可以说这个家族企业已经具备了可持续发展的良好基础。

其次，在理论上，创业精神在多代际间的传承，也就是跨代传承，其内在逻辑关系能得到组织印记（Organizational Imprinting）理论的解释和支持。"印记"的概念来源于生物学的启示：鸟类存在一种追随它们第一个看到的移动物体的倾向。学术界将这种现象定义为"印记"，并认为印记产生于动物早期生活阶段的一个短暂时刻，即使后来的环境发生了变化，印记的影响依然具有持续性。后来，社会学家 Stinchcombe 于 1965 年将"印记"的概念引入组织研究，认为组织印记就是组织成立之初或发展过程中特定时期的环境条件通过对组织特征的塑造进而对组织施加的持久影响。组织印记理论最重要的意义在于把历史与当下关联起来。历史是当下最重要的解释变量，它不是注定要被抛弃的，人们可以追根溯源，去发现组织初创时期的印痕。后来组织印记理论不断扩展，有三个特点逐渐成为共识：一是组织印记形成于特定的敏感期，这个敏感期可能是创立时期、上市时期，也可能是并购时期或拆分时期等特定的时期；二是敏感期特定的技术、制度、环境等各种因素构成了组织特定的结构与行为；三是敏感期形成的这些特定结构与行为对组织未来的发展影响深远。

近年来，国内有一些学者开始引入组织印记理论来解释创业企业的组织行为。比如，北京工商大学的朱蓉和曹丽卿[1]认为，京东的不同发展阶段可以视为几个不同的敏感期，并围绕多个敏感期对京东开展案例分析，以探究京东的组织印记的来源、蜕变与绩效之间的内在机理。遗憾的是，对于中国本土家族企业中创业精神跨代传承的研究基本上还是空白，有待于进一步的挖掘与拓展。

古人云："他山之石，可以攻玉。"抱着这样的心情，我们在这里向大家推荐一篇题为《创业遗产：关于一些家族企业如何培养跨代创业精神的理论》[2]的文章，这是难得一见的关于创业精神在多代之间传承的研究。作者Peter、Combs、Rau分别来自加拿大、美国和德国，他们的这项研究选择了21家位于德

---

[1] 朱蓉，曹丽卿.创业企业组织印记的来源、蜕变与绩效——以京东集团为例[J].管理案例研究与评论，2018（5）：502-518.

[2] Peter J, Combs J G, Rau S B. Entrepreneurial legacy: toward a theory of how some family firms nurture transgenerational entrepreneurship [J]. Journal of Business Venturing, 2015, 30(1): 29-49.

国的葡萄酒庄,这些酒庄拥有较长的历史,最少的也传承了3代,最多的传承了33代,平均传承11代。他们对这些酒庄的所有权人和经理人以及潜在的继承人进行了深度访谈和资料分析,最终他们提出了"创业遗产"（Entrepreneurial Legacy）的概念。他们认为,跨代创业家族拥有这种创业遗产——对家族过去的创业行为或韧性的叙事手法进行修辞学的重建以资鼓励并建构创业精神的意义。正是通过对家族企业的积极参与,以及在大而团结的家庭中讲述故事,创业遗产才会在孩子们身上留下印记。烙印式的创业遗产激励当前和下一代所有者参与三种超越普通传承的战略活动（战略教育、创业桥和战略传承）,从而培育跨代创业精神。

这项研究的一个重要贡献是提出了创业遗产理论,认为就创业精神的跨代传承而言,创业遗产理论比组织印记理论更有说服力和解释力。

在阅读这篇文献的时候,对我们特别有吸引力的是以下两点。一是每一代人都通过对家族经历的叙述来强化和建构创业精神的意义,包括辉煌的成就和走麦城的经历（文中所说的韧性）。从建构理论的角度来说,这倒是非常符合创业行为的建构特点,所以这种思路是很有洞见的。二是作者把这种创业精神的意义建构嵌入到战略活动中,包括战略教育、创业桥、战略传承三条路径。对于战略教育和战略传承,其作为创业精神的载体,都容易理解,而创业桥的概念颇具新意。下面这段文字基本上给出了创业桥的定义:"创业桥是指在位者与继任者的一段并肩合作的时期。在这段时期中,老一辈管理运营,并给年轻一代机会（或创业能力）来应用他们的战略教育。拥有创业遗产的家族在前人的运营支持下，致力于建立创业桥，帮助后继者抓住创业机会，克服创业能力的限制，并实现创业的飞跃。"按照人们一般对字面意思的理解，这个创业桥似乎就是两代人之间的交接过程中的过渡阶段。但是作者特别强调说，这里所说的创业桥与另一个概念"代际过渡"的含义并不相同，"代际过渡"只关注继承，而创业桥则关注创业。换句话说，创业桥作为创业精神的传承载体，具有双重含义，既有过渡的含义，也被赋予了组合创业的含义。

　　同时我们注意到，在这篇研究文献中，作者用了很大篇幅阐述孩子们童年的经历、家庭的环境、家族成员之间的互动、家族故事的叙述等对创业精神的烙印和传递的重要意义。组织印记理论已经表明，一个人年轻时所受的环境影响在成年后仍会留下印记，而创业遗产理论则推进组织印记理论朝着传承路径的方向进一步探索，揭示了家族企业有独特的机会将信念和行为烙印在下一代身上，解释了多代家族如何利用他们的创业遗产来培养跨代的创业精神。

　　历史上有很多家族企业传承了百年有余，在日本最著名的长寿企业金刚组已经传承了1400多年，日本企业粟津温泉饭店也传承了1290多年。对我们来说，如果各个家庭的沟通密码在一代或两代之间通过什么途径和方法得以一脉相传，这是很容易理解的。但这些跨越百年甚至千年的家族和企业，其沟通密码是否还能保持当初创建时的基本排列顺序？有哪些发生了变化？那些保持下来的要素又是如何穿透厚重繁密的历史帷幕，被新的一代继承和发扬光大的？我们知道，这些家族精神或文化会随着代际层级的增加而逐渐衰减。然而，仍然有不少传承了百年的家族企业，总有一些家训或家族精神能够被保持下来。而其中的内在逻辑关系能够得到组织印记理论的解释和支持。

回到中国本土，让我们来看看传承百年的家族在营造家庭氛围与环境、增强家族成员之间的互动、丰富家族故事的叙述这些方面有哪些成功经验可以借鉴。我们不妨来看看康百万家族的案例。

我们对传承400多年的康百万家族企业的案例进行了多次深入调研，对康氏家族的后代以及受雇于康氏家族的奶妈、挑水工、佃户的后代进行了访谈，印证了组织印记理论。通过这个案例，诠释了我们与历史的对话[1]。我们的初步认识有[2]：

（1）康百万家族企业传承了400多年，创造了中国最长寿大型家族企业的历史纪录；

（2）从范蠡到张謇，康氏是唯一一个涉足从零售到种植的全产业链的大型投资者和经营者；

（3）康氏充分利用了河洛航运的自然地理条件，将航运资产和经营作为核心基础拓展到全产业链，以把握黄河及大运河流域的商业机会，成就中国北方经济中最大的经济体；

---

[1] 康百万家族企业研究课题组采用文献研究、深度访谈、历史据考等多种研究方法，进行了抢救性的挖掘，获得了宝贵的研究资料，在这里呈现的是根据部分资料分析研究的结果。
[2] 康荣平,武欣欣,裴蓉.康百万400年传承兴衰成因[J].家族企业,2017(7).

（4）在康氏航运所及之处建立的"货栈"实际上是购销服务管理一体的全功能商业机构，并以此架构了黄河流域和中原地区的商业网络；

（5）康氏家族企业是现代商业信用体系出现之前最大的信用体之一；

（6）康氏摸索创建出栈房制、相公制、柜先制等一整套家族企业管理体系。

我们不妨来回顾一下康氏家族企业的历史。

康氏家族企业创建于公元 16 世纪，是一个无论在中国经济史、商业史和企业史，还是在全球企业史上，都具有极高价值的研究对象。在百家长寿企业[①]中，与其同时期创建的有排名 13 位的意大利陶瓷企业 Grazia Deruta（1500 年）、排名 14 位的意大利军火企业 Fabbrica D'Armi Pietro Beretta S.P.A（1526 年，传承 14 代）、排名 15 位的德国企业 William Prym GmbH & Co（1530 年，经营紫铜、黄铜、缝纫用品）。但是这些家族企业的经营项目与范围相对单一，企业规模都很小，主要从事葡萄酒、旅店、陶瓷、玻璃器皿等行业，有浓厚的家庭作坊色彩，很少有一个企业的类型与康氏家族企业相类似。

[①] 美国的《家族企业》杂志社在 2000 年发表了"世界最长寿的家族企业（榜）"（The World's Oldest Family Companies）。榜单中的 100 个企业来自 17 个国家，年岁最短的企业也已存在了 225 年。其中，排第一名的是日本企业金刚组，创办于公元 578 年，专门从事寺庙建筑业务；第二名是日本僧人在公元 718 年创办的旅店；第三名是法国 Goulaine 家族于公元 1000 年开始经营的博物馆；第四名是意大利的葡萄酒制造企业 Ricasoli，创办于 1141 年。

第七章 家族企业的百年传承

康氏家族是河南巩县康店村的名门望族。康氏家族企业是活跃于明、清、民国时期的横跨河南、山东、陕西三省,纵贯黄河、洛水、泾河等流域,生意囊括生产、租赁、物流贩运、客栈服务等供应链各个环节的大型商业组织。

康氏家族以经营长途贩运起家,利用漕运发家,凭借黄河、洛河舟楫之便,开展航运贸易,经营盐、木材、粮食、棉花、丝绸、钱庄等行业。在此基础上,康家大量收购土地,置办田产,以此兴家。到清代中期的康应魁执掌时期,康氏家族达到鼎盛,富甲豫、鲁、陕三省,船行洛、黄、运、泾、渭、沂六河,土地达18万亩。民间有歌谣称:"头枕泾阳、西安,脚踏临沂、济南;马跑千里不吃别家草,人行千里尽是康家田!"可见其繁华盛景。

自康氏家族第六代康绍敬于16世纪嘉靖年间(康绍敬的出生年代大致是1515—1525年间)在康店村建立第一家小店开始,到第十八代康庭兰为止,康氏家族企业总共传承了十二代,历经400多年(见图7.1),堪称中国历史上有记载以来最长寿的家族企业。"康百万"是对第十四代康应魁以来的康氏家族的统称。"康百万庄园"是康氏家族成员自第十二代康大勇选址建造始,历代生活起居之处(见图7.2)。

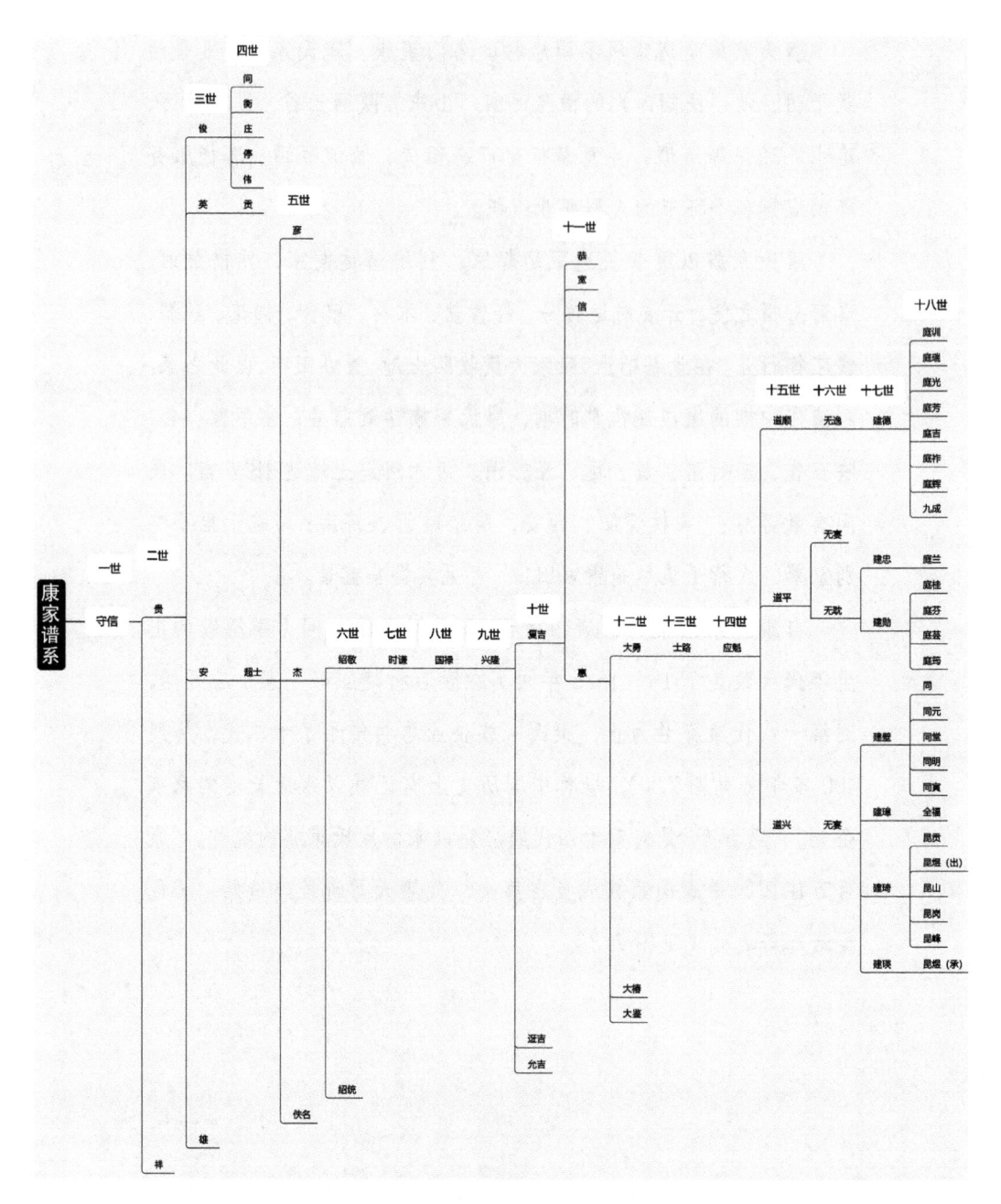

图 7.1 康氏家族代际谱系

资料来源：《康氏家谱》。

注：康氏家族谱系图仅仅罗列至十八世，而《康氏家谱》（1998年重修版本）记载了从一世至二十二世的谱系，因后代人数较多，此图没有列入。

图 7.2 康百万庄园——康氏家族历代生活起居之处

古话说:"道德传家,十代以上;耕读传家,次之;诗书传家,又次之;富贵传家,不过三代。"综观世界上现存的长寿企业,无一不是有深厚的文化底蕴。所谓道德传家,彰显的是一个家族最核心的价值观。

1. 康氏家训与"留余匾"

在康百万庄园南大院"方五丈"大厅内悬挂着被视为康百万庄园镇园之宝,也是中华名匾之一的"留余匾"(见图7.3)。该匾制作于1871年,由同治年间进士牛瑄所书,至今已有100余年历史。"留余匾"长1.65米,宽0.75米,金底黑字,造型独特,犹如一面迎风招展的黄色旗帜,左上边和右下边都缺一边,呼应着右边用大字篆文写下的"留余"二字,意味着"上不可享尽福禄,下不可不留余地"。左边还刻有留耕道人的《四留铭》等,细诉"留余"的含义。全匾共计174个字,除标题"留余"二字为篆书外,其余为字体流畅的行楷。全匾文字如下:

留耕道人《四留铭》云："留有余，不尽之巧以还造化；留有余，不尽之禄以还朝廷；留有余，不尽之财以还百姓；留有余，不尽之福以还子孙。"盖造物忌盈，事太尽，未有不贻后悔者。高景逸所云："临事让人一步，自有余地；临财放宽一分，自有余味。"推之，凡事皆然。坦园老伯以"留余"二字颜其堂，盖取留耕道人之铭，以示其子孙者。为题数语，并取夏峰先生训其诸子之词以括之曰："若辈知昌家之道乎？留余忌尽而已。"时同治辛未端月朔愚侄牛瑄敬题。

图 7.3　康氏家族的"留余匾"

"留余匾"中写道："留有余，不尽之巧以还造化；留有余，不尽之禄以还朝廷；留有余，不尽之财以还百姓；留有余，不尽之福以还子孙。"转译为现代的话语，就是在四个方面要留有余地：

（1）不要把机巧使尽，要给自然界留有余地；

（2）不要把俸禄用尽，可以适当回报国家；

（3）不要把财物占尽，应当拿出部分与乡里百姓分享；

（4）不要把富贵享尽，应给后代子孙留下生存发展的基础。

由此可见，"留余"就是有所节制，适度获取，要保留可持续发展的资源基础和能力。

"留余匾"是康百万家族道德传家的标志。"留余"文化是统领康百万家族400多年的灵魂和核心，是康家的做人之道。

"留余"家训涉及政治关系、内部关系、人与自然的关系以及社会责任，是各个关系主体之间利益分配原则的充分体现。它表明康家的发展要顾及各方面的利益，实现一定程度的利益均衡；康家的发展要保持人与社会、自然的和谐，互惠互利，相伴相生，适可而止。这与现代治理理论中的利益相关者理论惊人地相似。它以非常朴素的语言，勾勒出古代版的利益相关者理论的核心思想和基本框架，可以说是古典的利益相关者理论。

2. "留余"文化在康氏家族传承历史中的"印记"

正是通过家族的每一代人对家族企业的积极参与，以及在大而团结的家族中讲述故事以及言传身教，"留余"家训才会在孩子们身上留下印记，代代相传。烙印式的家训激励当前和下一代所有者参与传承活动，从而培育跨代传承的家族精神。下面记录的是一些历史故事和康家人的行为。

惠及桑梓

（1）遇到水灾旱灾，康家就会开仓放粮，救济百姓。例如：1929年，巩县大灾，哀鸿遍野，康家联合族中富户，救济灾民。康家不仅救济本村灾民，还分出部分粮食救济其他村寨的灾民，活人无数。

（2）慷慨助学，为山村孩子建立学堂，让贫困子弟能够接受教育。

（3）在康店村建立公益性的村塾，康家捐赠50亩土地，田地的收益用于学校办学的开支，学生学费和杂费全免。

（4）康家第十四代康应魁在他75岁生日那天，当众烧毁了族人和乡亲欠债的账目，免去了贫困人家的债务。

（5）康家第十七代康建勋通晓医理，悬壶济世，经常为人义诊，免费送药，遇到效果好的药方，便抄写好送给有需要的人。

这些都充分表明，康家子弟能够遵循"留余"家训中"留有余，不尽之财以还百姓"的教诲。因此，康氏家族在社会层面保持了良好的口碑和社会形象。

图7.4、图7.5所示的"谊重桑梓""义澜仁里"匾额也体现了这一教诲。

图7.4 康氏家族的"谊重桑梓"匾额

图 7.5　康氏家族的"义赒仁里"匾额

勤俭持家

康家虽然家财万贯，被冠以"康百万"的称号，但是素以勤俭持家闻名。下面列举一二：

（1）康家第十五代康道顺上溯两代都是单传，到他这里，儿子办满月酒，理应大办宴席，以示庆祝。但是，康道顺仅放了一挂一百响的小鞭炮，请全家人吃了一碗长寿面。并且，他写下"居贵敬，行贵简"六个大字，作为送给儿子的礼物，希望儿子以后能够做到居家独处时修身养性，外出办事时简朴节俭。

（2）康家第十七代康建勋每次出门都带一把粪杈，一边走路一边拾粪，并把粪随手抛撒在路边的田地里，而大路两边大多是康家的田地。

这种节俭的做法表明康家子孙能够遵循"留余"家训中"留有余，不尽之福以还子孙"的教诲。这也是与"既满足当代人的需要，又不损害后代人满足其需要的能力"的可持续发展理念相一致的。

勇于承担风险与责任

在康氏家族企业的掌柜与相公的关系谱图中，还蕴含着对风险的处理。对于遇到的天灾人祸，或者相公经营决策带来的损失，康家全部承担。这就为相公的自主经营创造了条件，使得相公的决策能够最大限度地达到自由、自主、快速、有效。那么，康家承担百分之百的风险，是否意味着相公零风险呢？并非如此。事实上，相公也同时承担百分之百的风险，所不同的是，相公承担的是他自己的职业风险，是声誉风险。因此，"赚了是你的功劳，赔了是我的损失"，把财物风险与声誉风险放在了跷跷板的两端，从而互为起点、互为结果，持续保有一种风险平衡，这种平衡对相公具有同等的激励效应。我们在访问中听到的两个例子可以证明这一点。

（1）康素婵[①]谈到的在陕西烧棉花的事情。康家最初到陕西开拓时，曾派一个老相公到陕西收购一批军用棉花，但由于人生地不熟，地方商就故意捣乱，买通了船主，不让他们给康家运东西。因为当时康家还没有自己的船，所以棉花运不走，后来天下雨了，康家也没有办法。最后康家的老相公做主，把一船的棉花都给烧了。老相公是这么想的：你想便宜收购我的棉花，我就不卖，我宁愿烧了也不卖给你。后来主家去了，也没责怪老相公。康家人说，反正棉花也已经烧了，咱损失不少，以后从头再来。康家人认为，

---

① 康素婵，生于1929年，康百万家族第十九世子孙，其祖父为康建德，父亲是康庭芳。康素婵堪称目前康家的"活化石"，曾在康百万庄园生活了将近20年。

毕竟都是全权委托的，把整个权力都交给大相公和老相公①了。

（2）康靖②谈到的他三伯康修庚在当大相公时遇到的棉花被日本人没收和炸毁的事件。他是这样描述的：听二哥说，大概是1935年，三伯运到青岛的棉花被日本占领军给没收了，这是一个损失。再有一个就是"八一三"淞沪会战的时候，一列车的棉花都被日本人炸毁了，损失了上百万银元。其中一笔钱是在当时的中国银行贷得的十万银元，实际贷款人是三伯，他是为康氏家族的掌家人康庭兰贷的款。事后银行要追债，官司弄到洛阳专司。最后是康家把钱还了，三伯没有承担任何费用。

对于一个长寿型的家族企业而言，由于时间跨度很大，总有一些东西会衰减，也总有一些会被保存下来。而这些被保存下来的东西，有些是创建初期形成的，有些是遭遇重大事件或创伤后遗留下来的。每一代人都通过对家族经历的叙述来强化和建构家族精神的意义，包括辉煌的成就和走麦城的经历。童年的经历、家庭的环境、家族成员之间的互动、家族故事的叙述等对家族精神的烙印和传递具有重要意义。所以，每一代继承人都要学会与家族历史对话，了解前辈们的初心与经历，这样才能使家族精神

---

① 相公是康百万家族企业对管理者的职级称谓，从小相公、相公到大相公，职位从低到高，管理范围与职能也逐级扩大，类似于金字塔结构。老相公则是指为康氏家族服务多年、德高望重且年岁已高而留在康氏家族养老的个别大相公。

② 康靖，生于1927年，康氏家族长房康俊的后代，其三伯康修庚曾担任康百万家族企业的大相公，其二哥康西镇曾担任康百万家族企业的小相公。

历久弥新。

　　让我们回到组织印记理论，从创业遗产的视角来看，创业精神可以通过创业家族历史故事的叙述（创业成就与韧性），烙印式地传递给下一代。基于这些故事的叙述，通过三种战略活动（战略教育、创业桥、战略传承）来实现跨代的联结与创业精神的传递。在这三条路径中，每一代人都是通过听故事、看故事以及自己讲故事，而不断重构家族企业的创业精神并赋予新的意义，可谓历久弥新。而这些新的意义又嵌入到日常的家庭聚会、家族成员的互动中，也可谓润物细无声。对于当下正处于传承期的中国本土家族企业而言，这些充满了历史经验积淀的家族企业研究是极富启发与借鉴意义的。